중급자를 위한
라이라이 중국어 회화

중급편

저　자	장연(张 妍)
경　력	심양 요녕대학 졸업 (어문학 학사)
	동대학원 보통화 정교사 자격취득
	요녕 과학기술대학 대외한어과 교수
	번시본강일보 편집위원
	성균관대학교 한국어교육과 연수
	성신여자대학 한국어과 강사
	현 글로벌중국어문화원 교육부 편집위원

중급자를 위한
라이라이 중국어 회화 중급편

저　자	장연
초판 2쇄	2014년 11월 1일
발 행 인	김용부
발 행 처	글로벌문화원
삽　화	이일선
북디자인	Design Didot 디자인디도
등록번호	제2-407
등록일자	1987년 12월 15일
주　소	서울시 종로구 관철동 32-7 계원빌딩 8F
전　화	(02) 725-8282
팩　스	(02) 753-6969
홈페이지	http://www.globalbooks.co.kr

ISBN 978-89-8233-092-6　04720

* 이 교재의 내용을 사전 허가없이 전재하거나 복재할 경우 법적인 제재를 받게 됨을 알려 드립니다.
* 잘못된 책은 구입하신 서점이나 본사에서 교환해 드립니다.
* 정가는 표지에 표지되어 있습니다.

중급자를 위한
라이라이 중국어 회화

장연 지음

도서출판 **글로벌문화원**

저자의 말

'10년이면 강산도 변한다' 필자가 10여년전인 90년대 중반 중국 심양대에서 학생들에게 한국어를 가르칠 때, 그리고 대외 한어과에서 한국에서 온 유학생들에게 중국어를 가르치면서 한말이 바로 '10년 후면 강산이 변할 정도로 중국어의 교육 환경이 달라질 것이다' 라고 하였습니다.

10여년이 지난 지금 중국어에 대한 관심이 세계적으로 고조되고 있는 것을 보노라면 글로벌 시장에서 필요로하는 인재는 2000년대 초반만하더라도 영어위주의 인력을 추구하였으나 이젠 "영어는 기본, 중국어는 필수"인 시대가 왔다고 말할 수 있게 되었습니다.

사실 국내에도 많은 중국어 학습서가 봇물처럼 쏟아져 나오고 있고 학습자들의 선택의 폭도 그만큼 넓어진것도 사실입니다. 그러나 한자문화권인 우리나라에서도 '중국어는 여전히 배우기 어렵다'는 인식을 가지고 있는것 같습니다. 한 나라의 말을 배우는 것이 당연히 쉽지는 않겠지만 그래도 가능하면 近道(지름길)로 가고자 하는 것이 필자나 학습자들의 욕망인 것 같습니다.

물론 단계별로 넘어야 할 한계가 있습니다. 당연히 극복을 해야 하겠지만 극복하는 과정이 쉽지는 않은 것을 필자는 많이 보아 왔습니다. 중국에서 약 3년 정도 유학하면서 지내는 학생들을 보면 일상생활은 전혀 문제가 되지 않는다고들 합니다. 그러나 중국인과 마음을 터놓고 할 수 있는 단계까지 가기 위해서는 여전히 상당한 시일이 소요된다고 하죠. 즉 말은 통하지만 마음이 통하지 않는다는 말이죠.

기초부분인 발음과 성조를 익히고 나서 어떻게 하면 빠른 시일 내에 중국어에 능통할 수 있을까요?

왕도는 없다지만 몇 가지를 적어보면,

* **중국어를 익히기 위해서는 먼저 중국문화를 익혀야 합니다.**

　　그 나라의 문화를 알면 그 민족 및 언어와 사고 방식을 이해할 수 있다고 하죠. 언어를 익히는 일 이외에 문화에 관한 서적을 자주 접하는 것이 도움이 됩니다.

* **한자 하나하나의 의미와 쓰임새를 파악합니다.**

　　중국어는 뜻글자이므로 매 글자마다 의미가 있는 게 특징입니다. 글자마다의 의미를 알고 있다면 생소한 단어가 나와도 알고 있는 단어를 활용해서 추리할 수가 있습니다.

* **본문의 글을 억지로 외우려 하지 말고 우선 뜻을 익힌 다음 자기말로 다시 표현을 해보는 것입니다.**

　　이럴 경우 처음에는 막막하고 우스운 말도 나오지만 점차로 익숙해지면 탄력이 붙어서 중국어의 실력이 폭발적으로 증가하게 됩니다.

다수의 중국어를 배우는 외국인들과 이야기를 해보면 중국어는 말하기는 비교적 쉽지만 뜻 익히기와 쓰기가 어렵다고 합니다. 또한 문법이 간단해서 어휘력이 바로 중국어의 실력이라고 말하는 분들도 있습니다.

생각은 모두 다를 수 있지만 중요한 건 "不怕慢, 只怕停(학습진척속도가 느리다고 걱정 말고, 중도에 포기하는 것을 걱정해라)"의 자세로 꾸준히 공부하는 것입니다. 하루에 5분이라도 시간을 내서 공부를 하세요. 그러면 길이 보일 겁니다. 여러분들이 중국어 강자로 되는 길에서 이 책이 동반자가 되어 드리겠습니다.

이 책의 활용법

학습목표
매 과마다 공부를 해야 할 주요점을 제시 목표를 갖도록 하였습니다.

장문독해마당
지난과에서 배운 내용들을 활용하여 장문을 해석하고 이에 따른 다양한 표현 방법을 익혀나갑니다.

상황별 회화
실제 생활에서 발생하는 상황을 통해 중국인들의 현지언어를 익혀 봅니다.

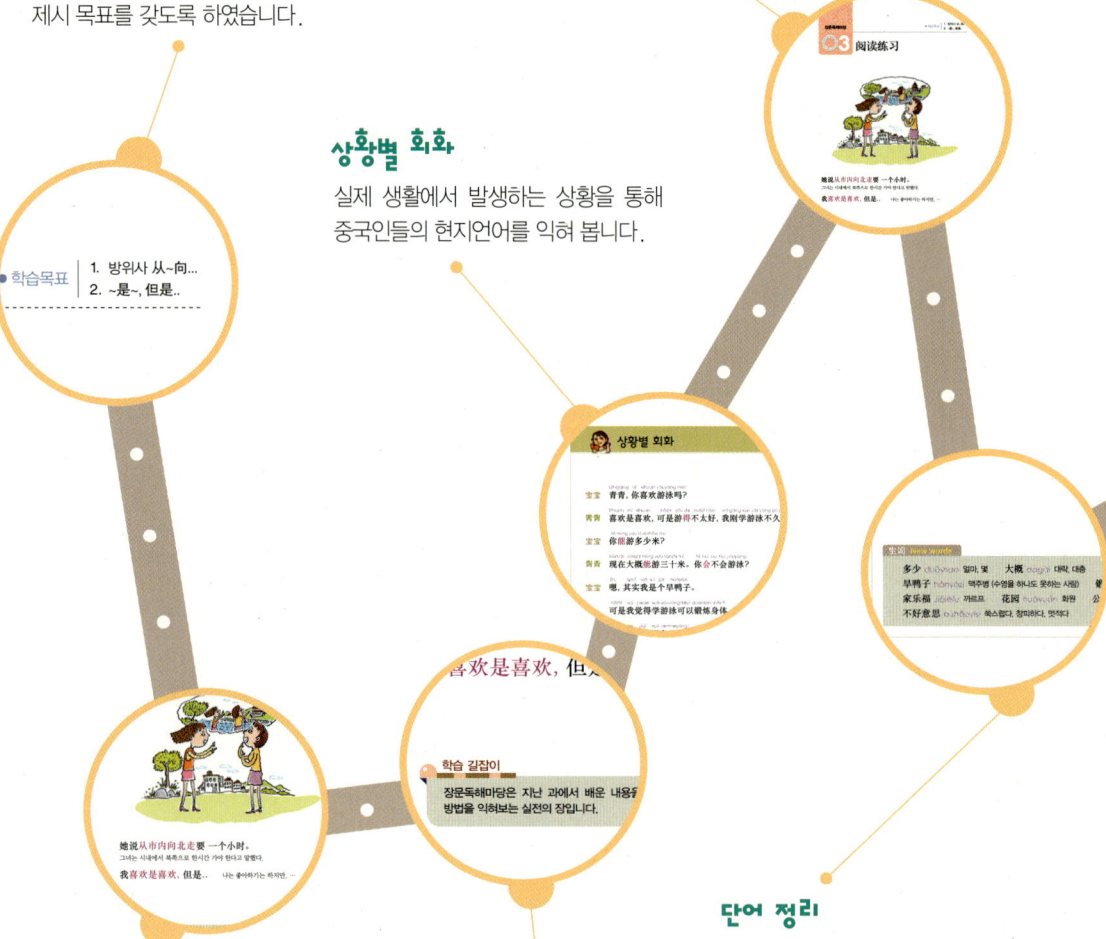

단어 정리
단어의 뜻에 더해 구체적인 예문을 통해서 각 단어의 용법을 익히도록 합니다.

핵심문장
학습목표의 주된 표현들을 사용한 문장을 먼저 익힙니다.

학습 길잡이
매과의 앞부분에 학습을 해야 할 어법을 제시하여 학습자들에게 길을 제시하였습니다.

학습중점
상황별회화의 각 문장을 요점별로 설명하였습니다.

보충회화
각 과의 어법을 새로운 상황을 설정 말하는 방식으로 익혀봅니다.

한국인이 어려워 하는 중국어
한국인이 많이 틀리거나 헷갈리는 중국어를 한눈에 들어오게 정리 하였습니다.

문형 연습
이과에서 나온필수 문형들을 통해 습득할 수 있도록 구성하였습니다. 그림을 보면서 배운 것을 토대로 자유롭게 표현하는 방식을 통해 중국어가 쉬워지도록 합니다

어법 노트
이과에 나오는 어법 및 주요 표현들을 회화 연습하는 방식으로 익혀봅시다.

듣고 쓰는 연습문제
녹음내용을 듣고 문제에 답을 하는 방식을 통해 현지민의 발음을 이해합니다.

✱ 이 책의 특징

1. 본문의 포인트 문장을 분석 알기쉽게 해설을 하였다.
2. 지루한 어법을 삽화를 보며 공통점을 찾으며 이해하도록 하였다.
3. 보충에서는 현재의 중국을 이해 할 수 있도록 다양한 장면들을 소개하였다.
4. 한국인이 많이 틀리거나 헷갈리는 중국어를 한눈에 들어오게 정리 하였다. [2부]
5. 3, 6, 9과는 학습내용을 장문을 통해서 복습하도록 "장문독해마당"코너를 신설하였다.

01 기초 회화

1과	这个星期天你有空吗?	11
2과	游泳可以锻炼身体。	21
3과	阅读练习	33
4과	我们应该告诉老师吧?	41
5과	这么早出来跑步啊?	51
6과	阅读练习	61
7과	这是在哪儿照的照片?	69
8과	你是第一次来北京吗?	81
9과	阅读练习	91

02 생활 회화

1과	爸爸妈妈吵架了。	101
2과	你的作业都做完了吗?	113
3과	阅读练习	123
4과	我的钱包被偷了。	133
5과	听说你买新的自行车了?	145
6과	阅读练习	155
7과	开工资。	165
8과	这套保暖内衣我可以看看吗?	179
9과	阅读练习	189

정답 및 번역 ······ 202

1

기초 회화

어순 잡는 기초 공부 Tip!

중국어 문장은 어순만 알면 쉽게 만들 수 있답니다. 1부 총 아홉 과는 가장 간단한 한 문장 회화로 중국어에 쉽게 접근할 수 있고, 중국어 문장 뼈대가 어떻게 구성되는지 알 수 있는 필수 회화문으로 구성하였습니다. 필수 기초 회화는 모두 달달 외우고, 어법노트를 통해 필수 어법 사항을 정리해 보세요. 어순을 알면 중국어 문장이 보입니다.

1부 목차

1과 这个星期天你有空吗? • **11** / 2과 游泳可以锻炼身体。 • **21** / 3과 阅读练习 • **33** / 4과 我们应该告诉老师吧? • **41** / 5과 这么早出来跑步啊? • **51** / 6과 阅读练习 • **61** / 7과 这是在哪儿照的照片? • **69** / 8과 你是第一次来北京吗? • **81** / 9과 阅读练习 • **91**

● 학습목표
1. 개사 到 + 场所, 向 + 场所/人
2. 의문사 怎么样의 용법

这个星期天你有空吗？

一起骑自行车去郊游，怎么样？
같이 자전거 타고 하이킹 가는 거 어때요?

骑自行车到哪儿去？
자전거 타고 어디 가는데요?

 학습 길잡이

개사 到와 向의 용법과 상대방의 의향을 묻는 怎么样의 다양한 용도를 학습하세요.

 **상황별 회화**

宝宝 Sòng xiǎojie, zhè ge xīngqītiān, nǐ yǒu kòng ma?
宋小姐，这个星期天，你有空吗？

宋小姐 Hái bú quèdìng. Yǒu shénme shì ma?
还不确定。有什么事吗？

宝宝 Yìqǐ qí zìxíngchē qù jiāoyóu, zěnmeyàng?
一起骑自行车去郊游，怎么样？

宋小姐 Jiāoyóu? Wǒ méiyǒu zìxíngchē, zěnme bàn ne?
郊游？我没有自行车，怎么办呢？

宝宝 Bié dānxīn, wǒ yǒu liǎng liàng zìxíngchē, kěyǐ jiè gěi nǐ yíliàng.
别担心，我有两辆自行车，可以借给你一辆。

宋小姐 Qí zìxíngchē dào nǎr qù?
骑自行车到哪儿去？

宝宝 Dào chūnchuān qù, cóng Shǒu'ěr xiàng běibian zǒu xūyào liǎng ge xiǎoshí.
到春川去，从首尔向北边走需要两个小时。

宋小姐 Duì le, nàtiān xiàwǔ wǒ yǒu shì, zhēnshì duìbuqǐ.
对了，那天下午我有事，真是对不起。

生词 New words

空 kòng 시간, 짬　　确定 quèdìng 결정하다, 확정하다　　骑 qí 타다
辆 liàng 대 (자전거, 차 등을 세는 양사)　　自行车 zìxíngchē 자전거
郊游 jiāoyóu 교외로 소풍 가다　　怎么办 zěnme bàn 어떻게 하지? 어쩐다?
需要 xūyào 필요하다

학습중점

1. 还不确定。

"확실하지 않아"라는 뜻으로 어떤 일이 확정적이지 않은 상황에서 쓰입니다.

- 什么时候去还不确定。
  언제 갈지 아직 미정이다.

2. 怎么办?

"어떻게 하지?"라는 뜻으로, 뭔가 난처한 일이 생겼을 때 쓰는 표현입니다.

- 这件事怎么办?

- 你愿意怎么办就怎么办。

3 借给

"…에게 빌려 주다"라는 뜻으로, 뒤에 **빌려주는 대상 + 빌려주는 물건** 순으로 나옵니다.

＊ 토지나 가옥과 같이 세를 받는 것은 组给[zū gěi]라고 합니다.

- 我可以借给你钱。
  제가 돈 빌려드릴 수 있는데요.

4 真是 ~

(1) '정말 ~하다'고 강조하거나, (2) 불만의 감정을 나타낼 때 사용합니다.

- 我真是不知道的。
  난 정말 모르는 일이야.

- 你们俩真是的, 戏票都买好了, 你们又不去了。
  너희들도 정말이지, 연극표를 다 샀는데, 이제 와서 안 간다니.

 어법 노트

1 到哪儿去?와 向哪儿去?

(1) 到는 도착 지점을 강조합니다. (…에, …로, …까지)

> 到农村去　농촌으로 가다
> 从星期三到星期五　수요일에서 금요일까지
> 到哪儿去?　어디로 가느냐?

(2) 向은 보통 동작이나 행동의 방향이나 대상을 가리키며 다음과 같은 용법이 있습니다.

① [개사] …로, …을 향하여 [동작의 방향을 가리킴]

> 向西边一直走就到我家了。서쪽으로 곧장 가면 바로 우리 집이다.
> 这孩子运动很好, 应该向这方面发展。
> 얘는 운동을 잘하기 때문에 이 방면으로 발전하여야 한다.

　＊ '向'이 동사 뒤에서 개사(介詞)로 쓰일 경우 뒤에 '了'를 붙일 수 있습니다.

> 目光转向了我　눈길이 나를 향했다
> (동사+向+了의 형태로 사용, 转은 '옮기다, 이동하다'의 뜻으로 '눈길이 이동해서 나를 보았다'는 의미로 해석합니다.)

② [개사] …에, …에게 [행동의 대상을 가리킴]

> 他向我告白了自己的缺点。그는 나에게 자신의 결점을 고백하였다.
> 我可以向你提出一项建议吗?
> 내가 당신에게 한가지 건의 해도 될까요?

　＊ 이 경우는 주로 동작이 미치는 대상으로, 명사나 대명사 혹은 모임이나 회의 따위를 가리키는 명사가 옵니다.

> 告白 gàobái 고백하다　提出 tíchū (문서나 의견 등을) 제출하다. 제기하다
> 建议 jiànyì 건의(하다). 제의(하다). 제안(하다)

③ [개사] …을, …로부터, …을 따라 [어떤 행동을 본받는 대상이나 변화시키는 원천을 가리킴]

> 向父母效法。부모에게서 배우다(본받다)

2 의문사 怎么样

(1) 怎样과 동일하게 사용됩니다.

① 어떠하냐. 어떻게. [성질·상황·방식 따위를 물음]

你们的工作怎么样了? 당신들 일은 어떻습니까? ('잘되어 갑니까?'의 뜻)
这件事你怎么样解释? 당신은 이 일을 어떻게 해명하겠습니까?

② 어떠하다. [성질·상황·방식 따위를 가리킴]

想想从前怎样, 再看看现在怎样。
과거에 어떠했는지를 생각하고 현재가 어떠한지를 보다.

(2) ('不怎么样'의 형태로 쓰여) 별로[그리] …않다.

这作品不怎么样 이 작품은 그저 그렇다

(3) 怎么의 뜻으로, 어떻게 …해도. 아무리 …해도. [조건문에 쓰여 임의의 동작이나 속성·상황 따위를 나타냄]

我怎么样劝他, 他也不听 내가 아무리 권고해도 그는 듣지 않는다
他无论怎么样用功, 也考不中
아무리 공부를 열심히 해도 합격이 안 된다

劝 quàn 권하다   用功 yònggōng (공부등을) 열심히 하다
中 zhōng 시험에 합격하다

(4) 어떻게 하다.

他还能把你怎么样? 더 이상 그가 너를 어찌 하겠는가?

보충 회화

A 喂，金明国在吗？
<small>Wéi, Jīn Míngguó zài ma?</small>

B 我就是，你是哪一位？
<small>Wǒ jiù shì, nǐ shì nǎ yí wèi?</small>

A 我是小平。
<small>Wǒ shì Xiǎo Píng.</small>

B 小平，你好。过得怎么样？
<small>Xiǎo Píng, nǐ hǎo. Guòde zěnmeyàng?</small>

A 还可以。你呢？
<small>Hái kěyǐ. Nǐ ne?</small>

B 我也很好。
<small>Wǒ yě hěn hǎo.</small>

A 你知道王峰的电话号码吗？
<small>Nǐ zhīdào Wáng Fēng de diànhuà hàomǎ ma?</small>

B 知道，他的电话号码是 023688492。
<small>Zhīdào, tā de diànhuà hàomǎ shì 023688492.</small>

A 谢谢你，我们约好了明天见面。
<small>Xièxie nǐ, wǒmen yuēhǎo le míngtiān jiànmiàn.</small>

你有空的话一起见面，怎么样？
<small>Nǐ yǒu kòng de huà yìqǐ jiànmiàn, zěnmeyàng?</small>

B 我明天有事，真是对不起。
<small>Wǒ míngtiān yǒu shì, zhēnshì duìbuqǐ.</small>

职位 Zhíwèi

회장
董事长
dǒngshìzhǎng

이사
董事
dǒngshì

사장
总经理
zǒngjīnglǐ

부장
部长
bùzhǎng

과장
科长
Kēzhǎng

대리
助理
zhùlǐ

직원
职员
Zhíyuán

비서
秘书
mìshū

주임
主任
Zhǔrèn

담당자
负责人
fùzérén

문형 연습

 그림을 보고 질문에 답해 보세요.

① 宝宝想什么?

② 青青这个星期天有空吗?

 다음 질문을 받는다면 어떻게 대답할 지 생각해 보고, 답을 써 보세요.

① 你今天晚上有空吗?

② 这个星期六晚上我们一起吃饭, 怎么样?

③ 我们到哪儿去玩儿好呢?

 다음 중 怎么样의 용법이 다른 것을 찾아보세요.

① 金小姐, 他那个人怎么样了?
② 你的工作情况怎么样?
③ 爸爸怎么样劝弟弟, 他也不听。
④ 明天我们去爱宝乐园, 怎么样?

*爱宝乐园 에버랜드

 듣고 쓰는 연습문제

1 녹음을 잘 듣고, 내용과 일치하지 않는 내용을 고르세요.

① 青青这个星期天有空。
② 宝宝想跟青青骑自行车去郊游。
③ 青青没有自行车。
④ 宝宝很喜欢骑自行车。

2 다음 중국어 대화문을 들으며 빈 칸을 채워 넣으세요.

宝宝　别担心。我有两辆自行车,可以借给你一辆。

青青　骑自行车＿＿＿＿那儿去?

宝宝　到春川去, 从首尔＿＿＿＿北边走需要两个小时。

青青　哎呀, 那天下午我有事,＿＿＿＿＿＿＿＿。

●학습목표	1. 개사 往, 替
	2. 능원동사 能, 会

游泳可以锻炼身体。

你**会**不会游泳？	당신은 수영 할 줄 아세요?
你**能**游多少米？	당신은 몇 미터 정도 수영할 수 있으세요?
你**替**我和他说怎么样？	당신이 나 대신 그에게 말하는 거 어때요?

학습 길잡이
개사인 往, 替를 학습하면서 개사의 용도와 어순을 익히며, 능원동사 能, 会의 용법과 활용문장을 공부해 봅니다.

 상황별 회화

宝宝 Qīngqīng, nǐ xǐhuan yóuyǒng ma?
青青，你喜欢游泳吗？

青青 Xǐhuan shì xǐhuan, kěshì yóu de bútài hǎo, wǒ gāng xué yóuyǒng bù jiǔ.
喜欢是喜欢，可是游得不太好，我刚学游泳不久。

宝宝 Nǐ néng yóu duōshǎo mǐ?
你能游多少米？

青青 Xiànzài dàgài néng yóu sānshí mǐ. Nǐ huì bu huì yóuyǒng?
现在大概能游三十米。你会不会游泳？

宝宝 Èn, qíshí wǒ shì ge hànyāzi.
嗯，其实我是个旱鸭子。

Kěshì wǒ juéde xué yóuyǒng kěyǐ duànliàn shēntǐ.
可是我觉得学游泳可以锻炼身体。

青青 Nà wǒmen yìqǐ xué zěnmeyàng?
那我们一起学怎么样？

宝宝 Hǎo a! Kěshì qǐng shéi jiāo wǒmen ne?
好啊！可是请谁教我们呢？

青青 Tīngshuō wǒmen gōngsī de Piáo dàilǐ yóuyǒng yóu de hěn hǎo.
听说我们公司的朴代理游泳游得很好。

Wǒ xiǎng qǐng tā jiāo wǒmen, dànshì, bùhǎoyìsi shuō.
我想请他教我们，但是，不好意思说。

Nǐ tì wǒ hé tā shuō zěnmeyàng?
你替我和他说怎么样？

宝宝 没问题。可是，我怎么找他呢？

青青 他家离这儿不远，**往**家乐福的后边走，是一个大花园。那旁边的公寓就是他家。

宝宝 好，那我们现在就去吧。

生词 New words

多少 duōshao 얼마, 몇　　大概 dàgài 대략, 대충　　其实 qíshí 사실은
旱鸭子 hànyāzi 맥주병 (수영을 하나도 못하는 사람)　　锻炼身体 duànliàn shēntǐ 신체를 단련하다
家乐福 Jiālèfú 까르프　　花园 huāyuán 화원　　公寓 gōngyù 아파트
不好意思 bùhǎoyìsi 쑥스럽다, 창피하다, 멋적다

학습중점

1. 还可以。

"그저 그렇다. 지낼 만 하다."라는 뜻으로 **还行**이라고도 합니다.

- 工作怎么样?
  ➡ 还可以。

2. 喜欢是喜欢

"좋아하기는 하는데.."라는 뜻으로 **是**를 중심으로 양쪽에 같은 단어를 사용하는 경우 '~하기는 하는데' 라는 뜻이 됩니다.

- 你爱他妈?
  ➡ 爱是爱, 不过…
  사랑하기는 하는데 …

- 这个怎么样?
  ➡ 好是好, 有点儿贵。
  좋기는 한데, 조금 비싸다.

❸ 不太

"그리 ~하지 않다"라는 뜻으로, 형용사 앞에서 정도부사로 사용됩니다.

- 你喜欢看电影吗?
  ➡ 不太喜欢。

❹ 就是

'바로 ~이다' 라고 강조하여 설명할 때 사용합니다.

- 听说你昨天搬家了, 你家在哪儿?
  듣기로는 어제 이사를 했다던데 집이 어디세요?

  ➡ 过中街走着十分钟就是我家。
  중앙로를 건너 걸어서 10분쯤 가면 바로 우리집이에요.

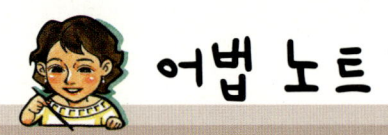# 어법 노트

1 개사 替　~대신에

인칭대명사 또는 명사 앞에 사용하여 행위, 동작을 해주는 대상을 이끌어 냅니다.

请替我向宋先生问好。 나 대신 송 선생께 안부 전해 주세요.
别替我担心。 나 때문에 걱정하지 마라.

2 개사 往　…쪽으로, …(을) 향해.

(1) 방향을 나타내며, 늘 장소를 나타내는 단어와 함께 쓰입니다.

往前看 앞쪽을 보다
往南走 남쪽으로 가다

(2) ..쪽에서[쪽으로] (…하다). [이런 경우의 문장 구조는 주로 '往 + 형용사 + 里 + 동사'의 형식을 취합니다.

往好里想 좋은 쪽으로 생각하다
往简单里说 간단하게 말하다

3 능원동사 能

(1) …할 수 있다. …할 힘이 있다. …할 줄 알다. [선천적으로 타고난 능력 또는 일반적인 능력을 표시합니다]

鸟能飞。 새는 날 수 있다.
他一顿能吃三碗米饭。 그는 한끼에 밥 3공기를 먹을 수 있다.

(2) …될 수 있다. …것 같다. …할 가능성이 있다. …일 수 있다. [가능성을 표시함]

看这天气能下雨。 날씨를 보니 비올 것 같다.
什么时候您能再来? 언제 다시 올 수 있습니까?

(3) 당연/허가를 표시하며, 주로 '不'를 앞에 붙여 '…해서는 안 된다'는 의미로 사용

那儿可以抽烟, 这儿不能。
거기서는 담배를 피울 수 있지만, 여기서는 (담배를 피워서는) 안 된다.

★ '能'은 어떤 능력을 구비했거나 어떤 정도에 까지 도달했음을 나타내고, '会'는 어떤 기능을 배워서 할 수 있음을 나타냄. 처음으로 어떤 것을 배워서 할 수 있으면 '会'를 쓰고, 어떤 능력을 회복했을 때에는 '能'을 씀.

小弟弟会走路了。 어린 남동생이 (걸음마를 배워서) 걸어다닐 수 있다.
他病好了, 能下床了。 그는 병이 나아서, 일어나 다닐 수 있게 되었다.

4 능원동사 会

(1) 어떤 일을 잘한다는 것을 나타냅니다. (이 경우 배워서 잘한다는 의미)
능원동사인 경우 뒤에 일반 동사가 오며 **很, 真, 非常, 特别** 등의 부사와 어우러져 쓰입니다.

青青的父母很会照顾人。 칭칭의 부모는 사람을 참 잘 돌보신다.
英语老师真会说话。 영어선생님은 정말 말을 잘하는군요.

(2) 커다란 가능성이 있음을 나타냅니다.

你们来叔叔一定会接待得好。
당신들이 오면 아저씨가 틀림없이 잘 대접 할 겁니다
明天会下雨。 내일은 비가 올 겁니다.

보충 회화

女 Zhěnglǐ hǎo le.
整理好了。

男 Zhēnshì xīnkǔ nǐ le.
真是辛苦你了。

女 Nǎli. Nà, wǒ xiān zǒu le.
哪里。那,我先走了。

男 Nǐ jīntiān wǎnshang gàn shénme?
你今天晚上干什么?

女 Méi shénme shì. yǒu shì ma?
没什么事。有事吗?

男 Yǒu shíjiān de huà, hé wǒ yìqǐ qù kàn diànyǐng zěnmeyàng.
有时间的话,和我一起去看电影怎么样?

女 Hǎo a. Jǐ diǎn de diànyǐng?
好啊。几点的电影?

男 Hái bù zhīdào. Wǒ xiànzài dǎ diànhuà wèn yíxià, qǐng shāo děng yíhuìr.
还不知道。我现在打电话问一下,请稍等一会儿。

女 Hǎo de.
好的。

家电
jiādiàn

电视机 TV
diànshìjī

收音机 라디오
shōuyīnjī

电风扇 선풍기
diànfēngshàn

洗衣机 세탁기
xǐyījī

饭锅 밥통
fànguō

吸尘机 청소기
xīchénjī

微波炉 전자레인지
wēibōlú

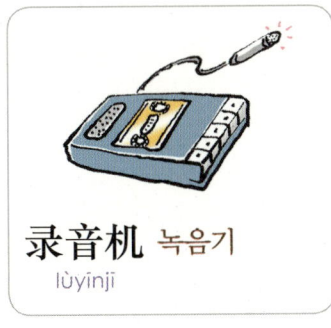
录音机 녹음기
lùyīnjī

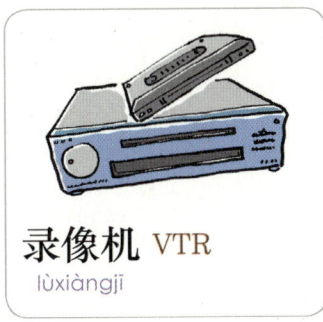
录像机 VTR
lùxiàngjī

摄像机 비디오카메라
shèxiàngjī

音响 오디오
yīnxiǎng

电脑 컴퓨터
diànnǎo

문형 연습

1 본문 내용을 생각하며, 다음 그림을 보고 질문에 답해 보세요.

① 宝宝会游泳吗?
② 青青喜不喜欢游泳?
③ 朴代理家在哪儿?
④ 谁去请朴代理教游泳?

2 다음과 같은 질문에 어떻게 대답할 지 생각해 보고, 답을 써 보세요.

① 你会游泳吗?

___

② 你能游多少米?

___

③ 我看明天会下雨, 好像不能去雪岳山。

___

④ 你替我向她问好。

___

한국어로 해석해 보세요.

① 这条路是通往学校的。
② 有时间的话，和我去电影院看电影怎么样？
③ 那儿可以抽烟，这儿不能。
④ 你们来的话叔叔一定会好好接待的。

 중국어로 작문을 해보세요.

① 당신 수영 잘하세요? 저는 맥주병이예요.
   _____

② 맥도날드(麦当劳) 쪽으로 가면 아파트가 있는데, 거기가 우리 집입니다.
   _____

③ 은행은 왕선생 집에서 멀지 않습니다.
   _____

④ 여기서 담배를 피울 수 없습니다.
   _____

듣고 쓰는 연습문제

 녹음을 잘 듣고, 대답해 보세요.

① 青青喜欢游泳吗?
② 为什么宝宝不想去别的游泳池?
③ 为什么青青不喜欢去东大门游泳池?

2 다음 중국어 대화문을 들으며 빈 칸을 채워 넣으세요.

宝宝　你_____游多少米?

青青　现在大概能游30米。你_____?

宝宝　嗯, 其实我是个旱鸭子。
　　　但我觉得学游泳可以锻炼身体。

青青　_____我们公司的朴代理游泳游得很好。
　　　我想请他教我们, 但是不好意思说。
　　　你_____我和他说怎么样?

宝宝　没问题。可是, 怎么找他呢?

青青　他家_____这儿不远, _____家乐福的后边走,
　　　是一个大花园。
　　　那旁边的公寓就是他家。

宝宝　好, 那我们现在就去吧。

장문독해마당

阅读练习

● 학습목표
1. 방위사 从~向...
2. ~是~, 但是..

她说从市内向北走要 一个小时。
그녀는 시내에서 북쪽으로 한시간 가야 한다고 말했다.

我喜欢是喜欢, 但是..   나는 좋아하기는 하지만, …

학습 길잡이

장문독해마당은 지난 과에서 배운 내용을 활용해서 장문을 해석하고 이에 따른 다양한 표현 방법을 익혀보는 실전의 장입니다.

青青的日记 (칭칭의 일기)

上周宝宝约我一起去郊游,她说要去的地方是颐和园,我只是坐车去过,从来没骑车去过,她说从市内向北走要一个小时,而且她还可以借给我自行车,我真想去,不过,那天我已经有了约会,真可惜啊!

前几天,我和宝宝在游泳馆见面了,看来她很喜欢运动,不过她说她是个旱鸭子。其实游泳,我喜欢是喜欢,不过,刚学不久,不太会游,所以我们决定一起找朴代理教我们,朴代理家出了游泳馆,往家乐福后面走就是。那天晚上,我们俩就一起去了,宝宝不好意思说,我替她说了,朴代理很高兴地接受了我们的请求。

生词 New words

约 yuē 약속하다
*我想跟王老师约个时间谈谈。 나는 왕 선생님과 시간을 약속하여 이야기하고자 한다.

颐和园 Yíhéyuán 이화원. [북경의 서북쪽에 있는, 청(淸)의 광서(光緖) 연간에 서태후(西太后)가 만든 명원(名園)]

只 zhǐ 단지, 다만, 오직

从来没~过 cónglái méi ~ guò 지금까지 ~해 본 적이 없다
*这种菜从来没吃过。 이 요리는 지금까지 먹어 본적이 없다.
*这种事我从来没听说过。 이런 일을 나는 지금까지 들어 본 적이 없다.

不过 búguò 그런데, 그러나. ['但是'보다 어기가 약함]

已经 yǐjing 이미, 벌써. [주로 문미(文尾)에 '了'를 동반함]
*这件事已经结束了。 이 일은 이미 끝났어.

可惜 kěxī 섭섭하다. 아쉽다. 애석하다. 아깝다
*你只学了两年的汉语放弃了太可惜。
 당신 중국어 2년만 공부하고 포기하는 것이 너무 애석하다.

游泳馆 yóuyǒngguǎn 수영장

不久 bù jiǔ 머지않아, 곧

不好意思 bùhǎoyìsi 부끄럽다. 쑥스럽다. 창피스럽다
*我来晚了, 真不好意思。 늦었습니다, 쑥스럽습니다.

请求 qǐngqiú 요청하다, 부탁하다
*他请求牧人来照顾他的羊群。 그는 목동에게 양떼를 돌봐달라고 부탁했다.

 쉬어가기 코너

四和十

Sì shì sì,
四是四，

shí shì shí,
十是十，

shísì shì shísì,
十四是十四，

sìshí shì sìshí,
四十是四十，

shéi néng fēn déqīng,
谁能分得清，

qǐng lái shì yī shì.
请来试一试。

嘴与腿

zuǐ shuō tuǐ tuǐ shuō zuǐ,
嘴说腿，腿说嘴，

zuǐ shuō tuǐ ài pǎo tuǐ,
嘴说腿爱跑腿，

tuǐ shuō zuǐ ài mài zuǐ.
腿说嘴爱卖嘴。

Guāng dòng zuǐ bú dòng tuǐ,
光动嘴不动腿，

guāng dòng tuǐ bú dòng zuǐ,
光动腿不动嘴，

bùrú bù cháng tuǐ hé zuǐ.
不如不长腿和嘴。

두 종류의 了

了는 위치에 따라 두 종류로 나누어 볼 수 있다.

> ① **동태조사** : 동사 뒤에 바로 붙여 완료태를 나타낸다.
> ② **어기조사** : 문장 맨 끝에 붙이는 경우로, 상태의 변화, 문장의 종결 등을 나타낸다.

1 동태조사 了

Tā wǎnshàng qù le shēngrì wǎnhuì.
他晚上去了生日晚会。
그는 저녁에 생일 파티에 갔다. (이미 갔다는 완료의 의미)

Tā jiē le péngyǒu de diànhuà, jiù chūqù le.
他接了朋友的电话，就出去了。
그는 친구의 전화를 받고, 바로 나갔다.

* 동사 + 了, 就~ : ~한 후에 곧 ~하다

2 어기조사 了

Chūntiān le.
春天了。
봄이 되었다. (계절의 변화)

Wǒ bù chī le.
我不吃了。
나 안 먹을래. (먹으려던 마음이 바뀌었거나, 이제 배가 불러서 안 먹겠다는 의미)

문형 연습

 어순에 맞게 다시 써 보세요.

① 宝宝　一起　我　约　郊游　去
_____

② 超市　从~向　我家　右　走　5分钟　到了　就
_____

③ 他　不　就是　学习　聪明是聪明
_____

④ 替　妈妈　打扫　我　房间　了
_____

⑤ 往　再　前　走　大海　了　就是
_____

 틀리거나 어색한 부분을 고쳐 보세요.

① 从首尔到北走要两个小时。
_____

② 我和宝宝在游泳馆遇见面了。
_____

③ 他学习好是好，就是爱学习。
_____

④ 替妈妈爸爸做了饭。
_____

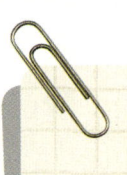

3 빈 칸에 맞는 단어를 골라 써 보세요.

 从~向　　~是~　　往　　替　　怎么样

① 她长得漂亮_____漂亮，就是个子太矮。
② 我昨天_____你家打了三次电话都没人接。
③ 听说他住院了，现在_____了？
④ _____我给你家人问好。
⑤ _____这_____南走，要20分钟才能到老师家。

4 주어진 단어나 문형으로 중작 해 보세요.

① ~是~_____
② 住_____
③ 替_____
④ 怎么样_____

 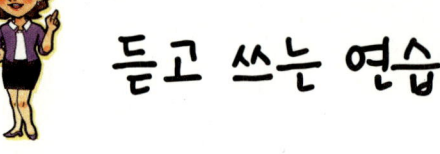

1 녹음을 잘 듣고 질문에 대한 답을 써 보세요.

① 这个对话的场面是在哪儿?

___

② 什么时候有会议?

___

③ 李小姐要多长时间能打完文件?

___

④ 老板还吩咐了什么事?

___

2 녹음을 잘 듣고 빈 칸을 채우세요.

① 李小姐, 请_____这份文件_____一份给我。

② 好的。您_____要吗?

③ 好的, 我_____打, 半个小时_____够了。

④ _____王经理到我办公室_____。

● 학습목표
1. 개사 离, 为(了)
2. 능원동사 要, 应该

04 我们应该告诉老师吧?

我们**应该**告诉老师吧?   우리 선생님에게 말해야 되지?

他家**离**学校不远。   그의 집은 학교에서 멀지 않아.

我们**要**勇敢承认错误。   우리 용기 내서 우리 잘못을 인정해야지.

학습 길잡이

능원동사 应该, 要의 다양한 활용을 문장을 통해 공부하고 개사 离, 为(了)의 용도를 알아봅니다.

 ## 상황별 회화

娜英: Āiya, zěnme bàn! Huāpén dǎ suì le.
哎呀，怎么办! 花盆打碎了。

青青: Wǒmen yīnggāi gàosu lǎoshī ba?
我们应该告诉老师吧？

娜英: Wǒmen bù shuō, míngtiān zài mǎi yí ge xīn de huāpén, zěnmeyàng?
我们不说，明天再买一个新的花盆，怎么样？

青青: Yīnggāi zhèyàng zuò. Dànshì, xiān yīnggāi xiàng lǎoshī shuō yíxià.
应该这样做。但是，先应该向老师说一下。

娜英: Kěshì, lǎoshī yǐjīng xià bān le.
可是，老师已经下班了。

Wǒmen zěnyàng cái néng zhǎodào tā ne?
我们怎样才能找到他呢？

青青: Yíhuìr yìqǐ qù lǎoshī jiā ba.
一会儿一起去老师家吧。

Wǒ zhīdao lǎoshī jiā, tā jiā lí xuéxiào bù yuǎn.
我知道老师家，他家离学校不远。

娜英: Hǎo de. Wǒmen yào yǒnggǎn chéngrèn cuòwù.
好的。我们要勇敢承认错误。

青青: Duì, wǒmen wèile bānjí xiǎoshì yě yīnggāi hǎohāor zuò.
对，我们为了班级小事也应该好好儿做。

生词 New words

打碎 dǎsuì 부숴지다　告诉 gàosu 알리다. 말하다　应该 yīnggāi 마땅히 …해야 한다
花盆 huāpén 화분　下班 xià bān 퇴근하다　远 yuǎn 멀다　勇敢 yǒnggǎn 용감하다
承认 chéngrèn 인정하다, 시인하다　错误 cuòwù 잘못, 틀린 행위, 실수　班级 bānjí 학급, 반
小事 xiǎoshì 작은 일. 사소한 일

학습중점

1. 감탄사 哎呀

'아이고'라는 뜻의 감탄사입니다. 중국어에는 경우에 따라 사용하는 여러 가지 감탄사가 있습니다.

- **唉** ài 아이. 아이 참. 아. 에이. [감상·애석의 기분을 나타냄]
- **呀** yā 아! 야! [놀람을 나타냄]
- **哎哟** āiyō 아야! 어머나! 어이구! 아이고! [놀람·고통·안타까움 따위를 나타냄]
- **啊** ǎ 허어. 저런. 어머나. 이런. [의아함을 나타냄]

2. 已经~ 了

'이미 ~했어'의 뜻으로 어떠한 상황이나 일이 종료된 상태를 뜻합니다.

- 这件我们俩的事儿已经结束了。

- 他已经回去了。

3 先 ~ 一下

'우선 ~ 합시다' 의 뜻으로 권유할 때 사용합니다.

- **我们先吃饭一下。** 먼저 식사를 합시다.
- **请安静，我们一起先研究一下。**
  조용히 하시고 우선 우리 연구해 봅시다.

4 一会儿　잠시. 잠깐 동안

두 가지의 동작이 연결되어 짧은 시간 동안에 전후로 계속 행해지는 것을 가리킵니다

- **我我们等一会儿一起去电影院，怎么样？**

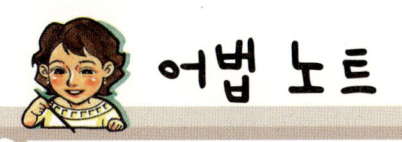 어법 노트

1 개사 离   ~에서, ~로부터

공간적·시간적 거리를 나타낼 때 기준점이 되는 시간·장소를 나타내는 명사 앞에 씁니다.

我们家离车站很近。 우리집은 정거장에서 매우 가깝다. [우리마을이 기준]

首尔离大田三百多里。 서울은 대전으로부터 삼백여 리 된다. [서울이 기준]

离上课还有十分钟。 수업 시작까지는 아직 10분 남았다. [현재시간이 기준]

2 개사 为   ~를 위해, 위하여

인칭대명사, 명사, 동사 앞에 쓰여 행위, 동작을 받는 대상 혹은 행위, 동작의 원인이나 목적을 이끌어 냅니다.

要为别人着想。 타인을 위해 생각해야 합니다.

为我们的友谊干杯。 우리들의 우정을 위해 건배합시다

他们是为学习中文来中国的。
그들은 중국어를 배우기 위해 중국에 온 것이다.

着想 (어떤 사람이나 어떤 일의 이익을) 생각하다. 생각이 미치다. 고려하다. 염두에 두다
友谊 우정. 우의

3 능원동사 应该

(1) '마땅히 ~해야 한다'는 뜻으로 동사와 함께 쓰입니다. [应该 + 동사]

学生应该努力学习。 학생은 당연히 공부를 열심히 해야 한다.

山上的空气可能很冷, 你应该多穿衣服。
산의 공기가 찰지 모르니 당신은 옷을 많이 입어야 합니다.

(2) 어떠한 추측에 근거해서 당연히 되리라는 뜻을 나타냅니다.

如果你不和他结婚, 你就应该后悔了。
만약 당신이 그와 결혼을 하지 않는다면 곧 후회하게 될 겁니다.

他们认识十年了，关系应该很好。
그들은 안지 10년이 되었으니까 관계가 틀림없이 좋을 거야.

(3) 该는 [~할 차례다]라는 순서의 개념과 [~할 때이다]라는 시기의 개념으로도 쓰입니다.

该你[唱]了。 네 차례야. [네가 노래 부를 차례야]

上回我请你吃饭，这回该你请客了。
지난번엔 내가 너한테 밥 샀으니까 이번에는 네가 대접할 차례야.

我该走了。 나가야 해.

妈妈该出院了。 엄마가 퇴원할 때가 되었어.

4 능원동사 要

(1) 조동사로 쓰일 때 ~해야 한다 [의무], 또는 ~하겠다 [의지]의 뜻으로 사용됩니다.

你要去学校。 나는 학교에 가야 해. [의무]

我要吃烤肉。 나는 불고기를 먹을래. [의지]

(2) 일반동사로 쓰이면 '필요로 하다, 원하다' 라는 의미로 사용됩니다.

一件毛衣要十万，太贵了。 스웨터 한벌에 십만원이면 너무 비싸다.

我要这本书。 나는 이 책이 필요해.

(3) 부정형은 不想입니다.

我要去中国。 나는 중국에 가려고 해.

我不想去中国。 나는 중국에 가고 싶지 않다.

＊ 不要는 [~하지 마라]라는 금지의 의미를 나타냅니다.

你不要小看我。 당신 나를 가볍게 보지 마세요.

你别小看我。 당신 나를 가볍게 보지 마세요.

보충 회화

青青: Wéi.
喂。

宝宝: Shì Qīngqing ma?
是青青吗?

青青: Shì de.
是的。

宝宝: Wǒ shì Bǎobao. Nǐ zěnme hái bù lái?
我是宝宝。你怎么还不来?

Dàjiā dōu yǐjing dào le, jiù chà nǐ le.
大家都已经到了,就差你了。

青青: Ò, jīntiān jǐ hào?
哦,今天几号?

宝宝: Jīntiān jiǔ hào.
今天九号。

青青: Āiya, wǒ wàngjì le jīntiān yǒu jùcān, zhēn duìbuqǐ.
哎呀,我忘记了今天有聚餐,真对不起。

Wǒ xiànzài mǎshang jiù qù, tì wǒ hé dàjiā shuō shēng, "duìbuqǐ".
我现在马上就去,替我和大家说声,"对不起"。

宝宝: Hǎo ba, nǐ kuài lái ba. Wǒmen děng nǐ.
好吧,你快来吧。我们等你。

水果
shuǐguǒ

苹果 사과
píngguǒ

梨子 배
lízi

草莓 딸기
cǎoméi

西瓜 수박
xīguā

甜瓜(香瓜) 참외
tiánguā(xiāngguā)

葡萄 포도
pútáo

桃子 복숭아
táozi

橘子 귤
júzi

橙子 오렌지
chéngzi

凤梨(菠萝) 파인애플
fènglí(bōluó)

香焦 바나나
xiāngjiāo

西红柿(番茄) 토마토
xīhóngshì(fānqié)

문형 연습

1 그림을 보고 질문에 답해 보세요.

① 宝宝想告诉老师吗?
② 青青怎么想呢?
③ 她们俩想应该告诉老师吗?

2 한국어로 해석해 보세요.

① 金科长, 到吃午饭的时间了, 你想要吃什么。
② 他们是为学习中文来中国的。
③ 学生应该努力学习。
④ 你不要小看我。

3 중국어로 작문을 해보세요.

① 엄마 책을 사려는데 돈이 필요해요.

② 지난번엔 내가 너한테 밥 샀으니까 이번에는 네가 대접할 차례야.

③ 회의 시작(开会)까지는 아직 10분 남았다

④ 우리들의 우정(友谊)을 위해서 노력하자.

 듣고 쓰는 연습문제

1 녹음을 잘 듣고, 내용과 일치하는 내용을 고르세요.

① 青青要不要告诉妈妈?
② 宝宝和青青向谁说呢?
③ 青青和宝宝应该说什么?

2 다음 중국어 대화문을 들으며 빈 칸을 채워 넣으세요.

宝宝　这件事应该告诉科长才好的。

青青　我们_____什么时候告诉他?

宝宝　开始工作前,_____说。

青青　_____工作开始有十分钟,_____我们的公司工作这样做吧。

| 학습목표 | 1. 개사 对, 连
| | 2. 능원동사 打算, 得

05 这么早出来跑步啊？

小王，听说跑步对减肥很有效果，所以，我打算天天跑步。

왕군, 듣기에는 조깅이 다이어트에 아주 효과가 있다던데, 그래서 매일 조깅을 하려 해.

我也有同感，连我五岁的外甥也叫我"胖舅舅"，不过，减肥不容易，得坚持。

저 역시 동감입니다. 다섯 살된 조카도 저를 "뚱뚱이 삼촌"이라고 불러요. 그런데 다이어트가 쉽지 않군요. 꾸준히 해야겠어요.

학습 길잡이

개사 对, 连을 사용하여 복문을 만들어보고, 능원동사 打算, 得의 활용을 익힙니다.

상황별 회화

小王: Zhè bú shì Xiǎo Lǐ ma! Zhème zǎo chūlái pǎobù a?
这不是小李嘛！这么早出来跑步啊？

小李: Zǎo a, Xiǎo Wáng, tīngshuō pǎobù duì jiǎnféi hěn yǒu xiàoguǒ, suǒyǐ, wǒ dǎsuan tiāntiān pǎobù.
早啊，小王，听说跑步对减肥很有效果，所以，我打算天天跑步。

小王: Nǐ yào jiǎnféi?
你要减肥？

小李: Shì a. Měitiān zuò bàngōngshì bú yùndòng.
是啊。每天坐办公室不运动。
Wǒ de dùzi yuèláiyuè dà, bìxū děi jiǎnféi le.
我的肚子越来越大，必须得减肥了。

小王: Wǒ yě yǒu tónggǎn, lián wǒ wǔsuì de wàishēng yě jiào wǒ "pàngjiùjiu".
我也有同感，连我五岁的外甥也叫我"胖舅舅"。
Búguò, jiǎnféi bù róngyì, děi jiānchí.
不过，减肥不容易，得坚持。

小李: Duì, érqiě wèile jiànkāng, yě xūyào shìdàng de yùndòng.
对，而且为了健康，也需要适当的运动。

小王: Yí ge rén yùndòng yǒudiǎn wúliáo, wǒmen yǐhòu yìqǐ pǎobù zěnmeyàng?
一个人运动有点无聊，我们以后一起跑步怎么样？

小李: Hǎozhǔyì, nà wǒmen míngtiān yě zhège shíjiān jiàn ba.
好主意，那我们明天也这个时间见吧。

生词 New words

跑步 pǎobù 달리기(조깅) 하다　　减肥 jiǎnféi 살을 빼다, 다이어트하다　　效果 xiàoguǒ 효과
坚持 jiānchí (주장 따위를) 끝까지 고수하다, 견지하다　　聚餐 jùcān 회식 (聚餐会; 회식 모임)
同感 tónggǎn 동감(하다), 공감(하다)　　外甥 wàishēng 조카　　舅舅 jiùjiu 외삼촌 (舅父라고도 함)
适当 shìdàng 적당하다, 적절하다　　无聊 wúliáo 지루하다, 심심하다

학습중점

1. 不是~嘛!

'不是~嘛!'는 '~이 아닌가요!' 라는 뜻으로, 문미의 어기조사 嘛는 약간의 놀람과 확인의 어기를 나타냅니다.

- 这不是王小姐嘛! 怎么这么早上班了?
  미스 왕 아닌가요 어째서 이렇게 일찍 출근을 했어요?

2. 越来越~

'점점 더 ~한다'는 뜻으로, 시간의 흐름에 따른 정도의 증가를 나타냅니다.

- 这么越来越复杂的世界里怎么能活下去呢!
  이렇게 갈수록 복잡한 세상에서 어떻게 살아갈까!

- 这张先生最近赚钱赚得不少, 越来越骄傲起来。
  장선생은 최근 적지 않은 돈을 벌었는데 갈수록 교만해진다.

③ 必须得

반드시 ~해야 한다. 뒤에 동사가 따라와서 동사의 뜻을 강조합니다.

- 家长必需得照顾家属，不然的话家庭会遇到困境。

  가장은 반드시 가족을 돌보아야 한다. 그렇지 않으면 가정이 곤란을 겪을 수 있다.

④ 好主意

'좋은 생각이에요~' 상대방의 생각에 동의할 때 하는 말입니다.

- "下班后一起去电影院 看成龙的电影，怎么样？"

  퇴근후 영화관에 가서 성룡의 영화보는거 어때요?

  ➡ "好主意。"

  좋은 생각이에요.

- "我们合一团结吧！"

  우리 일치 단결합시다.

  ➡ "好主意！"

  좋은 생각입니다!

生词 New words

赚 zhuàn (돈을) 벌다　　骄傲 jiāo'ào 교만하다　　家长 jiāzhǎng 가장　　照顾 zhàogù 돌보다
家属 jiāshǔ 가족구성원　　遇到 yùdao (어떤 일을) 만나다　　困境 kùnjìng 곤경
舅舅 jiùjiu 외삼촌(舅父라고도 함)　　合一 héyī 합일하다　　团结 tuánjié 단결하다

1 개사 对

…에게. …에 대하여. [보통 동사가 가리키는 동작 · 작용의 지향점 · 방향을 나타냅니다]

他对我表示谢意。 그는 나에게 감사의 뜻을 나타냈다.
他对你没有兴趣。 그는 당신에 대해서 관심이 없다.

'对'는 항상 한쪽 편을 향해서 행해지는 동작에 대해 서술하고 '跟'은 쌍방간에 이루어지는 동작을 나타냅니다.

我有事，我想跟你商量商量。 나 일이 있는데 당신과 상의하고 싶어.

(1) '对于'와의 용법은 비슷하나, 对는 보존, 유지의 성격이 강하고, 对于는 단지 일반적으로 대상을 나타냅니다.

(2) 보통 '对于'를 쓰는 곳은 모두 '对'로 바꾸어 쓸 수 있으나, '对'를 모두 '对于'로 바꾸어 쓸 수는 없습니다.

对于他家的情形不能了解。 그 사람 집의 사정을 이해하지 못한다.
➡ **对他家的情形不能了解。**（○）

大家对我都很热情。 모두들 나를 환대한다.
➡ **大家对于我都很热情。**（×）

2 개사 连

…까지도, …조차도 [다른 관련이 있는 사물을 포함하는 것을 나타냅니다]
뒤에 보통 **都**나 **也**를 사용해서 뜻을 보충하며 정도가 심할 때는 **甚至**가 동반되기도 합니다.

我这回就去你那儿，连李小姐也一起去。
나는 지금 당신에게 가는데 미스 리도 같이 갑니다.

司机叔叔连一口水也没喝就走了。
기사 아저씨는 물 한 모금도 마시지 않고 갔다.

他连他爸爸的电话号码都不知道。
그는 그의 아버지 전화번호조차 모른다.

3 능원동사 打算

…하려고 하다, …할 작정이다. 동사의 앞에서 동사의 뜻을 보충합니다.
打算 + 동사 : ～하려고 하다, ～할 작정이다

你打算什么时候上班? 당신은 언제 출근하려고 합니까?

(1) 동사로 쓸 때는 '계획하다, (이용하려고) 꾀하다' 입니다.

父母应该为儿女打算。 부모는 자녀를 위해 계획해야 한다.

(2) 명사로 사용 될 때는 (행동의 방향·방법 등에 관한) 생각, 타산, 계획, 기도

你毕业后有什么打算? 당신 졸업후에 무슨 계획이 있습니까?

4 능원동사 得

동사나 형용사 앞에 쓰여서, 말하는 사람의 의지를 나타내거나 긍정적인 추측을 표시하며 **必须, 必然, 必定** 등의 뜻을 지니고 있습니다. 구어체에서 많이 사용합니다.

早上八点以前你得到家。 아침 8시 전에 당신은 반드시 집에 도착해야 합니다.

你错了, 必须得告诉老师吧。
당신이 틀렸습니다. 반드시 선생님에게 말하세요.

 # 보충 회화

A: Shānběn, nǐ de Hànyǔ zěnme zhème hǎo?
　　山本，你的汉语怎么这么好？

B: Nǎli nǎli, Hànyǔ hěn nán, wǒ hái děi duōduō xuéxí.
　　哪里哪里，汉语很难，我还得多多学习。

A: Tīngshuō nǐ wèile xué Hànyǔ, měitiān hěn zǎo qǐlái tīng lùyīn.
　　听说你为了学汉语，每天很早起来听录音。

B: Èn, wǒmen lǎoshī shuō, xiǎng xué hǎo Hànyǔ, jiù děi duō tīng.
　　嗯，我们老师说，想学好汉语，就得多听。

A: Duì, háiyǒu, děi duō duìhuà.
　　对，还有，得多对话。

B: Duìhuà ne, nǐ bāng wǒ zěnmeyàng?
　　对话呢，你帮我怎么样？

A: Wǒ? zěnme bāng?
　　我？怎么帮？

B: Xiàng xiànzài zhèyàng, duō jiàn miàn, duō liáotiān jiù xíng.
　　像现在这样，多见面，多聊天就行。

A: Zhè bù nán. Wǒ yuànyì bāng nǐ.
　　这不难。我愿意帮你。

B: Xièxie.
　　谢谢。

身体 shēntǐ

- 头发 머리카락 tóufa
- 头 머리 tóu
- 脸 얼굴 liǎn
- 眉 눈썹 méi
- 胸部 가슴 xiōngbù
- 肚子 배 dùzi
- 屁股 엉덩이 pìgu 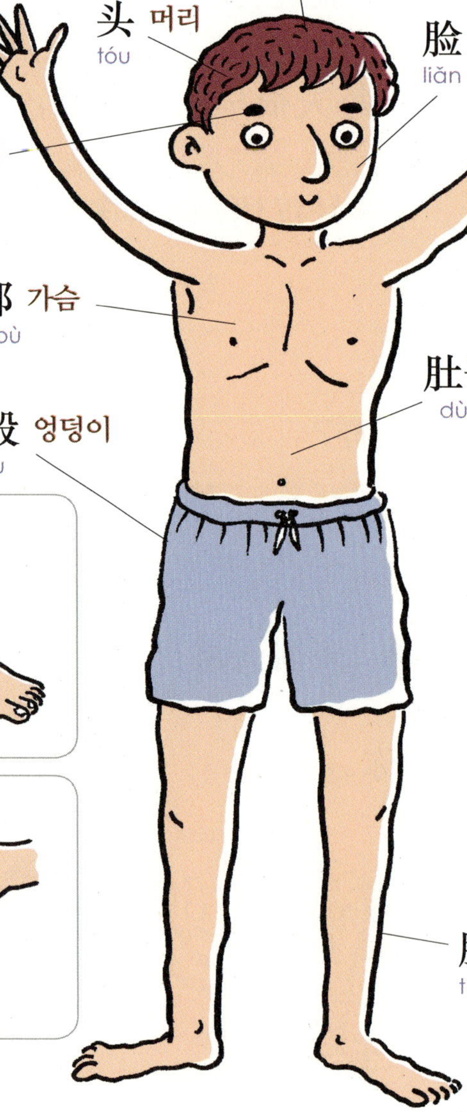
- 脚 발 jiǎo
- 手 손 shǒu
- 腿 다리 tuǐ 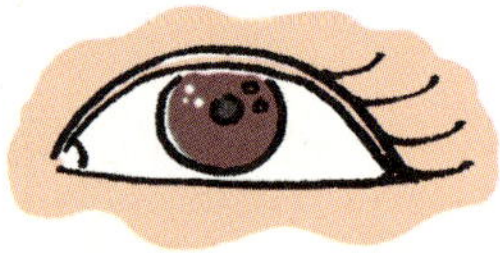
- 眼睛 눈 yǎnjing 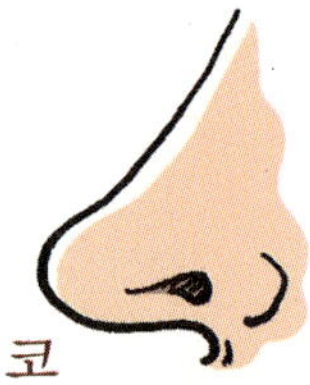
- 鼻子 코 bízi 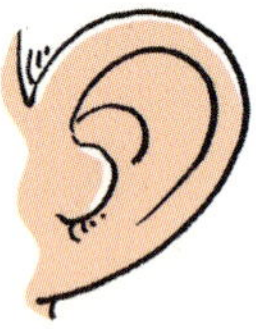
- 耳朵 귀 ěrduo
- 嘴 입 zuǐ 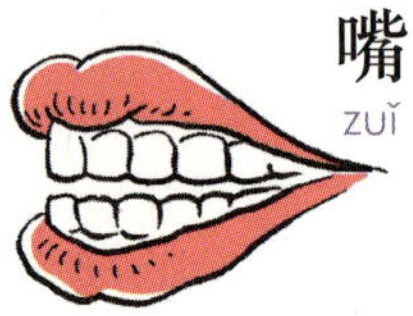
- 牙齿 이 yáchǐ

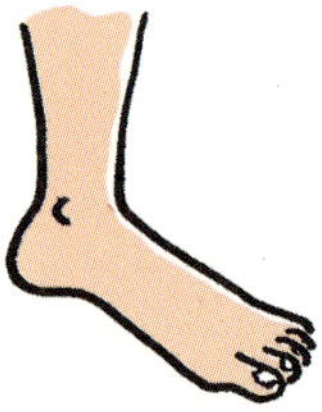

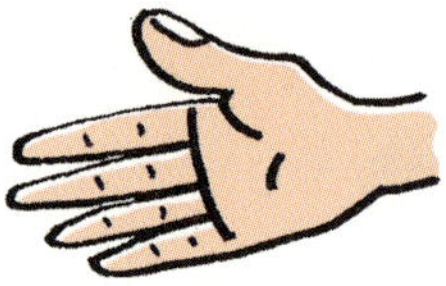

문형연습

 그림을 보고 질문에 답해 보세요.

 →  →

① 他们正在做什么?
② 小李为什么要跑步?
③ 他们在什么地方跑步?

 다음 질문에 대해 자신의 상황에 맞게 답해 보세요.

① 你经常运动吗?　　　　_____
② 你对什么运动最感兴趣?　_____
③ 你打算怎样学习汉语?　　_____
④ 学好汉语得怎样做?　　　_____

 빈 칸에 맞는 단어를 골라 써 보세요.

| 보기 | 得　　为(为了)　　连　　打算 |

① 小李_____减肥, 每天跑步。
② 他_____认真学习汉语。
③ 他不只汉语说得好, _____英语也说得非常棒。
④ 明天是开学第一天, 要早起床, 今天_____早点睡觉。

59

듣고 쓰는 연습문제

1 녹음을 잘 듣고, 대답을 적어 보세요.

① 小李为什么跑步?

_____

② 小王也要为了健康多做什么?

_____

③ 两个人约好什么时候见面?

_____

2 다음 중국어 대화문을 들으며 빈 칸을 채워 넣으세요.

小李　听说跑步_____减肥很有效果, 所以, 我_____天天跑步。

小王　减肥说起来容易, 做起来难, 重要的是_____坚持。

小李　一个人运动很无聊, 我怕坚持不了。我们一起运动_____?

小王　好啊, 我也这么想。我们一起努力吧。

장문독해마당

● 학습목표
1. 应该, 得, 打算
2. 对~来说, 连~ 也

阅读练习

对我这个上班族来说，连休息的时间都不太多，更别说锻炼的时间了。

나 같은 샐러리맨으로 말하자면 신체단련 할 시간은 말할 것 없고 휴식을 취할 시간조차 부족하다.

离休假还有一个星期，我打算那时每天去健身房。

휴가는 아직 일주일 남았고 나는 매일 헬스클럽에 갈 생각이다.

학습 길잡이

장문독해마당은 지난 과에서 배운 내용을 활용해서 장문을 해석하고 이에 따른 다양한 표현 방법을 익혀보는 실전의 장입니다.

小王的日记 (소왕의 일기)

我生病了。

我生病了。昨天去了医院。

医生说是感冒，应该好好儿休息，而且说我的身体有点弱，得经常锻炼。对我这个上班族来说，连休息的时间都不太多，更别说锻炼的时间了。看来，为了健康，我得减少我的工作量了，不然得换个轻松点儿的工作。

离休假结束还有一个星期，我打算每天去健身房，一个人运动有点无聊，我打算和我们公司的宝宝一起去，小李说他想减肥，每天坐办公室肚子越来越大，我们两个人一起去的话，可能会坚持下去。

生词 New words

生病 shēng bìng 병이나다
*妈妈生病住院了。 어머니는 병이 나셔서 입원하셨다.
*你生病了吗? 快吃点儿药吧。 병이 나셨어요? 빨리 약 드세요.

上班族 shàngbānzú 샐러리맨
*上班族应该为了健康锻炼身体。 샐러리맨은 건강을 위해서 신체를 단련해야 한다.

别说 biéshuō ~은 말할 것도 없고
*这种影片, 别说是小孩子喜欢看, 就是大人也想看的。
 이런 영화는, 아이들이 좋아하는 건 말할 것도 없고 어른들도 보고 싶어한다.

不然 bùrán 그렇지 않으면
*你得现在上班, 不然来不及。 지금 출근해야 해, 그렇지 않으면 제시간에 못 갈 거야.

工作量 gōngzuòliàng 일하는 시간, 작업량
*你每天几个小时工作? 매일 몇 시간 일하세요?
*10个小时。 10시간 일합니다.
*你的工作量太多。 일하는 시간이 너무 많군요.

换 huàn 갈다, 바꾸다, 교체하다
*你出汗了, 快点换衣服吧。 땀이 났어요, 빨리 옷을 갈아 입으세요.

轻松 qīngsōng (일 따위가) 가볍고 수월하다
*你的工作太重, 找个轻松的工作吧。
 당신의 일이 너무 과중하니 수월한 일을 찾으세요.

健身房 jiànshēnfáng 체육관, 헬스클럽
*要锻炼身体, 每天去健身房运动是最好的方法。
 신체를 단련하려면 매일 헬스클럽에 가서 운동을 하는 게 제일 좋은 방법이다.

 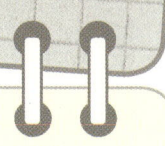

쉬어가기 코너

银和很（笑话）
Yín hé hěn (xiàohuà)

我教的中文班有一个美国留学生爱德华，他对汉字
Wǒ jiāo de Zhōngwénbān yǒu yí ge Měiguó liúxuéshēng Àidéhuá, tā duì Hànzì

特别感兴趣。
tèbié gǎn xìngqu.

有一天，他上街回来找到我的办公室说："老师，
Yǒu yìtiān, tā shàng jiē huílái zhǎodào wǒ de bàngōngshì: "Lǎoshī,

我觉得你们中国人很不谦虚。""为什么？"我感到
wǒ juéde nǐmen Zhōngguórén hěn bù qiānxū." "Wèishénme?" Wǒ gǎndào

惊讶。"大街上，我看到许多大招牌，都是自我炫耀，
jīngyà. "Dàjiē shàng, wǒ kàndao xǔduō dà zhāopái, dōushì zì wǒ xuànyào,

比如：中国很行，中国人民很行，中国农业很行……"
bǐrú: Zhōngguó hěn háng, Zhōngguó rénmín hěn háng, Zhōngguó nóngyè hěn háng"

原来他把"银"看成"很"了。
Yuánlái tā bǎ "Yín" kànchéng "hěn" le.

 **보충학습**

不 + 动词 / 没有 + 动词

了와 没有는 둘 다 동작의 부정을 나타내는 부정부사이지만 용법의 차이가 있습니다.

> 과거 사실에 대해 이야기 한다고 해서 무조건 没有 부정을 사용해서는 안 된다. 중국어에서 시간(시제)은 시간사가 담당하며 不나 没有는 단지 동작에 대해서만 서술하기 때문이다

① 不에는 심리적인 요소가 있어서 [~하지 않는다]는 물론 [하지 않겠다]라는 거부의 의지가 포함되어있다.

Wǒ bù chī fàn.
我不吃饭。
나는 밥을 먹지 않는다. (먹지 않겠다)

Dāngshí wǒ bù tīng tā de huà.
当时我不听他的话。
당시 나는 그의 말을 듣지 않았다. (들으려 하지 않았다-시제와 관련 없음)

② 没有는 단지 '어떤 동작이 취해진 일이 없다'라는 동작의 과거부정과, '어떤 동작이 완성되지 않았다'라는 동작의 완료성을 부정한다.

Wǒ méiyǒu chī fàn.
我没有吃饭。
나는 밥을 먹지 않았다.

Dāngshí wǒ méiyǒu tīng tā de huà.
当时我没有听他的话。
당시에 나는 그의 말을 듣지 못했다.

문형연습

1 어순에 맞게 다시 써 보세요.

① 我　感冒　医生　得　休息　说　好好儿　了　得

② 连　我　对　来说　时间　休息　没有　都

③ 我　减少　工作量　得　为了　健康　了

④ 开学　离　一个月　还有　了

2 틀리거나 어색한 부분을 고쳐 보세요.

① 我这个上班族来说，工作很辛苦。

② 休假结束还有一个星期，我打算那时去旅游。

③ 打算这个周末，我去公园。

④ 应该他好好休息。

3 맞는 단어를 골라 빈 칸에 채워 넣으세요.

> 보기: 应该   得   连   打算   离

① 下个月，我_____去中国留学。
② _____妈妈也同意我说的话。
③ 他做错了，_____给明明道歉。
④ _____我家还有2公里。
⑤ 想学好汉语，_____多练习。

4 다음 단어를 이용해 중작 해 보세요.

① 对_____
② 连_____
③ 应该_____
④ 打算_____

듣고 쓰는 연습문제

1 녹음을 잘 듣고 질문에 대한 답을 써 보세요.

① 你听到的对话是在哪儿发生的?

② 病人哪儿不舒服?

③ 病人发烧吗? 体温是多少?

④ 药应该怎样吃?

2 녹음을 잘 듣고 빈 칸을 채우세요.

① 我给你_____一下体温。

② _____开嘴,我看一下嗓子。

③ 是_____,而且嗓子_____了,我给你开点药。

● 학습목표 1. 개사 给, 由
2. 감탄문, 금지문

这是在哪儿照的照片?

这是在哪儿照的照片? 给我看看行吗?
어디에서 찍은 사진이야? 좀 보여줄 수 있어?

这就是故宫啊! 真壮观, 真大啊!
여기가 바로 고궁이구나! 정말 장관이다, 정말 큰데!

학습 길잡이

개사 给는 일상회화에서 자주 사용되므로 어순 및 문장구조를 잘 익혀두어야 하며, 감탄문을 많이 연습하여 중국어 수준을 업그레이드 합시다.

 **상황별 회화**

(娜英和青青一起看着青青手上的照片，照片里是故宫。)

青青 Jīntiān dàodǐ guā le shénme fēng, nǐ dǎ lǎo yuǎn lái kàn wǒ ne?
今天到底刮了什么风，你打老远来看我呢？

Zhēn shì nándé.
真是难得。

娜英 Wǒ lái kàn nǐ, nǐ nándào bú gāoxìng ma?
我来看你，你难道不高兴吗？

青青 Nà zěnme huì ne? Kuài jìnlái, dào lǐmiàn zuò.
那怎么会呢？快进来，到里面坐。

娜英 Zhè shì zài nǎr zhào de zhàopiàn? Gěi wǒ kànkan xíng ma?
这是在哪儿照的照片？给我看看行吗？

青青 Dāngrán kěyǐ. Shì shàngzhōu hé jiārén qù Gùgōng zhào de.
当然可以。是上周和家人去故宫照的。

娜英 Wā! Zhè jiùshì Gùgōng a! Zhēn zhuàngguān, zhēn dà a!
哇！这就是故宫啊！真壮观，真大啊！

青青 Nǐ hái méi qù guo ba? Xiàcì wǒmen yìqǐ qù zěnmeyàng?
你还没去过吧？下次我们一起去怎么样？

娜英 Tài hǎo le, xièxie nǐ, wǒ lái Zhōngguó yǐhòu, yìzhí xiǎng dàochù kànkan,
太好了，谢谢你，我来中国以后，一直想到处看看，

kěshì Hànyǔ bù hǎo, pà yí ge rén huì mílù.
可是汉语不好，怕一个人会迷路。

青青 Ng, Běijīng hěn fùzá, nǐ gāng lái bù jiǔ, bié yí ge rén chūqu.
嗯，北京很复杂，你刚来不久，别一个人出去。

70

娜英　　**Búguò, xiànzài yóu nǐ gěi wǒ dāng dǎoyóu, wǒ jiù kěyǐ fàngxīn le.**
　　　　不过，现在由你给我当导游，我就可以放心了。

青青　　**Wǒ yě hěn yuànyì gěi nǐ dāng dǎoyóu.**
　　　　我也很愿意给你当导游。

生词 New words

到底 dàodǐ 도대체, 마침내
*这到底是什么意思？ 이것이 도대체 무슨 뜻이야?

刮风 guāfēng 바람이 불다
*北京的春天总是刮风。 북경의 봄은 늘 바람이 분다.

打老远 dǎ lǎoyuǎn 아주 멀리서부터

难得 nándé 보기 드물다, 얻기 힘들다

难道 nándào 설마 ~란 말인가
*难道你不认识我吗？ 설마 날 못 알아보는 건 아니겠지?

照片 zhàopiàn 사진

故宫 gùgōng 고궁

壮观 zhuàngguān 장관, 장관이다

迷路 mílù 길을 잃다
*昨天我在胡同迷了路。 어제 나는 골목에서 길을 잃어 버렸다

复杂 fùzá 복잡하다

担任 dānrèn 맡다 담당하다

导游 dǎoyóu 안내하다, 관광안내원

71

 학습중점

1. 难得

부사어, 술어로 사용할 수 있으며, 기회가 드물거나 얻기가 어렵다는 것을 나타냅니다.

- **你年纪这么小，就懂得老顺父母，真是难得。**
  넌 나이도 이렇게 어린데, 부모에게 효도할 줄도 알고 정말 기특하다.

- **你明天开会时见李教授，这真是难得的机会。**
  내일 회의 개최 시에 이교수를 만나는 것은 정말 얻기 어려운 기회이다.

2. 难道~吗?

"설마…하겠는가?", "그래…란 말인가?"
반문의 어기를 강조하는 문장에 쓰이며 문장 끝에 '吗' 등이 호응할 수 있습니다.

- **你做得到这件事，我难道做不到吗?**
  당신이 이 일을 하는데 설마 내가 못하겠는가?

- **这部成龙导演的电影，难道你不看吗?**
  성룡이 감독한 이 영화, 설마 네가 안 볼려구?

3 还没~

'아직 ~하지 않았다'로 일이 완성되지 않았거나 아직 시작하지 않은 상태를 나타냅니다. 뒤에 동사가 함께 옵니다.

- **戏剧还没开始，我们去小卖部吃小吃，怎么样？**
  드라마가 아직 시작되지 않았으니 우리 매점에 가서 스낵을 먹는 게 어때?

- **准备完了吗？还没有。** 준비 다 되었나요? 아직 아니요.

4 一直

부사로 쓰여 ① "계속해서, 줄곧" 시간이 지속되는 상태 ② "똑바로" 방향이 곧은 상태를 나타냅니다.

- **从前天起雨一直下了三天。**
  그저께부터 계속해서 3일간 비가 내린다.

- **市场怎么走？** 시장 어떻게 가나요?
  ➡ **一直往前走。** 곧장 앞으로 가세요.

5 怕~

"~가 걱정돼". 다음의 내용에 대해 걱정된다는 뜻을 나타냅니다.

- **我怕他不来。** 그가 안 올 까봐 걱정된다

- **不用怕被解雇，勤勉工作吧。**
  해고 당하는 것을 두려워 하지 말고 근면하게 일하세요.

어법 노트

1 개사 给

(1) …을[를] 위하여: 为와 같은 용도로 사용합니다.
　　…를 대신하여: 替로 바꾸어 사용할 수 있습니다.

他给我们当导游。 그가 우리를 위하여 가이드를 맡다.
给我帮忙。 나를 도와주세요.

(2) …에게. …를 향하여: 向으로 대치할 수 있습니다.

这是父亲给我买的。 이것은 아버지가 내게 사준 것이다.
给我看看吧。 내게 좀 보여주세요.

(3) (…에게) …를 시키다. …토록 하다.

我给你看一件东西。 내가 당신에게 물건 하나를 보여줄게.

(4) (…에게) …을 당하다: 被를 대신하여 피동형을 나타낼 수 있습니다.

羊给狼吃了。 양이 이리에게 잡아 먹혔다.

2 개사 由

(1) 기점: ~에서부터

由这里出发终点是釜山。 여기서 출발해 종점은 부산이다.

(2) 구성: ~으로 (구성되다)

我们身体由120个兆细胞来构成。
우리 몸은 120조개의 세포로 구성되어 있다.

74

(3) 원인: ~로 인하여, ~ 때문에

这个病由精神压力引起的。 이병은 스트레스로 인해 생긴 것이다.

(4) 동작의 주체

这本书是由朴先生写的。 이 책은 박선생이 썼다.

3 감탄을 나타내는 어기조사 啊

감탄문 문미에 주로 쓰입니다. 多와 함께 쓰여 강조를 나타내죠. '多 ~ 啊!' '얼마나 ~한가'라는 뜻입니다.

冬天的雪景多美啊! 겨울의 설경이 얼마나 아름다운지!
多好的天啊! 얼마나 좋은 날씨인가!

4 금지를 나타내는 부사 别

충고나 금지를 나타냅니다 '~하지 마세요'라고 해석되며 '**别**+동사'의 형태로 사용됩니다. 대개 말하는 대상이 **你**이므로 종종 생략해서 말합니다. **不要**로 바꾸어 쓸 수 있습니다.

你别走。 가지 마세요.
别客气。 사양하지 마세요.

보충 회화

1. 问路 Wèn lù

   A　^{Qǐng wèn, qù gùgōng zěnme zǒu?}
   请问，去故宫怎么走？

   B　^{Cóng zhèr yìzhí zǒu, dìyī ge shízì lùkǒu xiàng zuǒ zhuǎn,}
   从这儿一直走，第一个十字路口向左转，

   ^{zài zǒu èrshí mǐ zuǒyòu jiù dào le.}
   再走20米左右就到了。

   A　^{Xièxie nín.}
   谢谢您。

2. 请假 Qǐng jià

   职员　^{Jīnglǐ, míngtiān wǒ xiǎng qǐng yìtiān jià.}
   经理，明天我想请一天假。

   经理　^{Yǒu shénme shì ma?}
   有什么事吗？

   职员　^{Māma zuìjìn shēntǐ bú tài hǎo, wǒ xiǎng míngtiān zhàogù tā yìtiān.}
   妈妈最近身体不太好，我想明天照顾她一天。

   经理　^{Hǎo de.}
   好的。

菜
cai

米饭 밥
mǐfàn

泡菜 김치
pàocài

烤鸭 오리구이
kǎoyā

炒饭 볶음밥
chǎofàn

炸酱面 자장면
zhájiàngmiàn

麻婆豆腐 마파두부
mápódòufǔ

面包 빵
miànbāo

汉保包 햄버거
hànbǎobāo

饺子 만두
jiǎozi

三明治 샌드위치
sānmíngzhì

紫菜卷饭 김밥
zǐcàijuǎnfàn

 # 문형 연습

1 그림을 보고 질문에 답해 보세요.

 →  →

① 青青在哪儿照的照片？
② 照片里都有谁？
③ 娜英想不想去故宫？

2 다음 질문에 대한 답을 써 보세요.

① 这学期，由谁担任你的汉语老师？

_____

② 中国给你的感觉怎么样？

_____

③ 请写出一个感叹句。(감탄문 만들기)

_____

④ 请用"别"(不要)造句。(금지문 만들기)

_____

3 맞는 단어를 골라 빈 칸에 채워 넣으세요.

> 보기 由   别   给   真~~啊

① 这棵树_____高_____。
② 我们现在开始做游戏，先_____我开始。
③ 小时候，妈妈经常_____我零用钱。
④ 明天第一天上课，_____迟到。

듣고 쓰는 연습문제

1 녹음을 잘 듣고, 대답해 보세요.

① 娜英和青青在哪儿?
② "禁止入内"是什么意思?
③ 娜英知道"禁止入内"的意思吗?

2 다음 중국어 대화문을 들으며 빈 칸을 채워 넣으세요.

娜英 北京真的很_____, 来中国以后, 一直想到处看看, 可是, 汉语说得不好, 怕一个人会迷路。

青青 别担心, 我帮你, 我_____你当导游怎么样?

娜英 真的吗? _____你这个地道的北京人_____导游, 我就可以放心了, 谢谢。

青青 不客气。

●학습목표 | 1. 把 자문
2. 시량보어, 동량보어

你是第一次来北京吗?

还有别忘了把照相机带着。
그리고 카메라를 가져오는걸 잊지 마세요.

我已经来过三次了。
저는 이미 3번이나 왔었어요.

학습 길잡이
把자문은 화자가 목적어를 강조할 때 사용합니다. 시량보어, 동량보어의 사용에서는 어순을 중점적으로 익혀봅시다.

상황별 회화

[老师: 今天讲课到这儿, 明天是星期天, 希望大家过个愉快的周末, 下课。
大家: 哇! 下课了!]

山本　　Zhōumò qù nǎli hǎo ne? Bùzhīdào qù nǎli wánr, qǐng nǐ tuījiàn yíxià.
　　　　周末去哪里好呢? 不知道去哪里玩儿, 请你推荐一下。

东东　　Nǐ shì dìyīcì lái Běijīng ma?
　　　　你是第一次来北京吗?

山本　　Búshì, wǒ yǐjīng lái guò sāncì le.
　　　　不是, 我已经来过三次了。

东东　　Shì ma? Nà nǐ qùguo Tiānjīn ba?
　　　　是吗? 那你去过天津吧?

山本　　Hái méi qù guo. Wǒ zài Zhōngguó de sānnián jiān, yìzhí zài Běijīng,
　　　　还没去过。我在中国的三年间, 一直在北京,
　　　　lián Tiānjīn dōu méi qù guo. Qián liǎngcì lái gōngzuò, zhǐ dāi le jǐ tiān,
　　　　连天津都没去过。前两次来工作, 只呆了几天,
　　　　zhè cì gōngsī ràng wǒ lái xuéxí yìnián Hànyǔ, wǒ hěn xiǎng qù kànkàn.
　　　　这次公司让我来学习一年汉语, 我很想去看看。

东东　　Míngtiān shì zhōumò, wǒmen yìqǐ qù zěnmeyàng?
　　　　明天是周末, 我们一起去怎么样?

山本　　Tài hǎo le, xūyào zhǔnbèi shénme dōngxi ne?
　　　　太好了, 需要准备什么东西呢?

东东　　**Wǒmen xūyào zǒu hěn duō lù, yīnggāi chuān yùndòngxié, háiyǒu bié wàng le,**
　　　　我们需要走很多路，应该穿运动鞋，还有别忘了，
　　　　bǎ zhàoxiàngjī dàizhe.
　　　　把照相机带着。

山本　　**Hǎode, xièxie nǐ.**
　　　　好的，谢谢你。

东东　　**Búkèqì.**
　　　　不客气。

生词 New words

愉快 yúkuài 유쾌하다, 즐겁다
*生活过得很愉快。 생활이 즐겁다.

推荐 tuījiàn 추천하다
*校长推荐她去当老师。 교장이 그녀가 선생님이 되도록 추천했다.

呆 dāi 머무르다
*你打算呆北京几天？ 북경에서 며칠 머무를 예정이세요?

需要 xūyào 필요로 하다

학습중점

① 不知(道)~

'~해야 할지 모르겠다' 또는 '~인지 아닌지'라는 뜻으로, 화자의 뜻이 아직 정해지지 않았거나, 상대방의 의중을 모를 때 사용합니다.

- 我不知(道)您意下如何。
  당신의 의중이 어떤지 모르겠습니다.

- 我不知道毕业后找哪个工作。
  졸업 후 어떤 직업을 찾아야 할지 모르겠다.

② 오직, 오로지

* 只有~ : 오직~밖에 없다

- 我只问你一件事。
  한가지만 물어보겠다.

- 今天晚上家里只有你一个人吗?
  오늘 저녁에 오직 당신 혼자만 있나요?

③ 어기조사 了   재촉, 저지

- 都十二点了。别看电视了。
  벌써 열 두 시야, TV보지 마.

- 好了, 不要再说这件事了。
  됐어, 이제 다시는 이 일을 이야기 하지 말아.

어법 노트

1 목적어를 이끌어내는 把

일반적으로 동작·작용의 대상[목적어]을 동사 앞으로 오게 할 때 사용합니다. 이때의 동사는 어떤 특정한 대상, 즉 목적어에 대해 결과를 미칩니다.

> 어순 : 주어 + 把 + 목적어 + 동사 + 기타 성분

今天我要把这篇文章翻译成中文。
오늘 나는 이 글을 중국어로 번역해야 한다.

你明天去学校的时候, 请把这封信交给张老师?
너 내일 학교 갈 때, 이 편지 좀 장 선생님께 전해 드릴 수 있니?

➡ **没问题。** 문제 없어.

*把자문의 활용

① [把 A 当 B]의 형태를 사용하여 목적어에 대한 처리, 처분을 나타낸다.

把A当成B, 把A当作B A를 B로 여기다, A를 B가 되게 하다

他特爱这里的松树, 把这里当成第二故乡。
그는 이곳의 소나무를 무척 사랑해서 여기를 제2의 고향으로 여긴다.

② [把 A 给 B]의 형태 역시 사람이나 물건에 대한 처리, 처분을 나타낸다.
여기서의 给는 동사일수도 있고 개사일 수도 있다. 즉 给가 동사일 경우에는 '~에게 주다' 의 의미를 나타내고 개사로 쓰일 경우에는 동사 뒤나 동사 앞에 놓여 개사구조를 이룬다.

请你把他写的报告给我。 그가 쓴 보고서를 저에게 주세요.

你不能把这些材料交给别人。
당신은 이 자료들을 다른 사람에게 건네 주어서는 안 된다.

2 동량보어 & 시량보어

〈동량보어〉

동작의 횟수를 나타내는 말을 동량보어라고 하며, 수사와 함께 동사 뒤에서 보어역할을 합니다.

* 자주 쓰이는 동량보어 : 次, 回, 遍, 下, 趟

你去过几次中国？ 중국에 몇번 가보셨어요?
➡ **只去过一次。** 오직 한번 가보았어요.

你看过她几回？ 그녀를 몇 번 보았어요?
➡ **我看过她两回。** 나는 두 번 보았습니다.
(이때 二回라고 쓰지 않습니다. 주의하세요)

〈시량보어〉

동작이에 따른 변화의 시간을 나타내는 보어입니다.

① 목적어가 없을 경우

> 주어 + 동사 + (了) + 시량보어 + 了

② 목적어가 있을 경우

> 주어 + (동사) + 목적어 + 동사 + 了 + 시량보어 + (了)
> 주어 + 동사 + (了) + 시량보어 + (的) + 목적어 + (了)

이 때 동사 뒤의 了는 동태조사이고, 문장 끝의 了는 '지금까지 시간이 얼마나 되었다'는 것을 나타내는 어기조사입니다.

你(学)汉语学了几年？ 중국어 몇 년 배워보셨습니까?
➡ **学了半年。** 반년 배워보았습니다.(지금도 배우는지 모름)

你(学)汉语学了几年了？ 중국어 배운지 몇 년 되셨어요?
➡ **学了半年了。** 반년 되었습니다. (지금까지 배우고 있음)

我学了半年的的汉语。 나는 반년 동안 중국어를 배웠다.
我学了半年的汉语了。 나는 반년째 중국어를 배우고 있다.

보충 회화

1. **问距离** wèn jùlí

   A   Cóng zhèbiān dào nàbiān dàgài duōshǎo mǐ?
       从这边到那边大概多少米？

   B   Dàgài yībǎi mǐ.
       大概100米。

   A   Cóng Běijīng dào Shànghǎi yǒu duō yuǎn?
       从北京到上海有多远？

   B   Dàyuē yīqiān sìbǎi gōnglǐ.
       大约1400公里。

2. **推测** tuīcè

   A   Nín láiguò běijīng hěn duō cì ba?
       您来过北京很多次吧？

   B   Shì de, wǒ jīngcháng lái Běijīng.
       是的，我经常来北京。

   A   Nǐ xǐhuan lánqiú ba?
       你喜欢篮球吧？

   B   Wǒ xǐhuan kàn lánqiú bǐsài, kěshì búhuì dǎ lánqiú.
       我喜欢看篮球比赛，可是不会打篮球。

   A   Nǐ jīngcháng qù túshūguǎn ba?
       你经常去图书馆吧？

   B   Shì de, wǒ xiàkè hòu jiù qù nàr xuéxí.
       是的，我下课后就去那儿学习。

문형연습

1 그림을 보고 본문 내용을 떠올리며 질문에 답해 보세요.

① 山本第一次来北京吗? _____
② 山本去过天津吗? _____
③ 玲玲让山本把什么带着? _____

2 다음 질문에 대해 자신의 상황에 맞게 답해 보세요.

① 你去过北京吗? _____
② 你学了几年的汉语? _____
③ 旅游时,应该把什么带着? _____

3 다음 중 적합한 단어를 찾아 빈칸에 써 넣으세요.

| 보기 | 一次   一会儿   把 |

① 请_____我的书给我好吗?
② 他在家呆了_____就出去了。
③ 我去过上海_____。

듣고 쓰는 연습문제

1 녹음을 잘 듣고, 대답해 보세요.

① 山本吃过北京烤鸭吗?
② 北京烤鸭是北京的什么?
③ 他们要把谁叫上?

2 다음 중국어 대화문을 들으며 빈 칸을 완성하세요.

东东　你是第一次来北京吗?

山本　不是, 我已经来过_____了。

东东　是吗? 那你去过长城吧?

山本　还没去过。前两次来工作, 只呆了_____, 这次公司让我来学习_____汉语, 我很想休息的时间去看看。

东东　明天是周末, _____娜英也叫上, 我们一起去怎么样?

장문독해마당

● 학습목표
1. 개사 给, 由의 장문에서 쓰임새 / 목적어를 이끌어내는 把자문 학습
2. 감탄문, 시량(동량)보어의 장문독해

09 阅读练习

前两次因为出差，只呆了几天，这次来学习一年汉语。

이전에 두 차례는 출장이라서 며칠 간만 머물렀는데, 이번에는 중국어를 1년간 공부하러 왔습니다.

她说她的朋友青青会给她当导游，由中国朋友当导游，就可以放心。

그녀에게는 그녀의 친구인 칭칭이 가이드가 되어준다고 하니, 중국친구가 가이드를 해 주면 안심할 수 있지요.

학습 길잡이

장문독해마당은 지난 과에서 배운 내용을 활용해서 장문을 해석하고 이에 따른 다양한 표현 방법을 익혀보는 실전의 장입니다.

山本的日记(산본의 일기)

旅游

我叫山本,是日本人。尽管来北京已经三次了,
不过还没去过长城。
前两次因为出差,只呆了几天,这次来学习一年汉语。
休息的时间很想到处看看,我的朋友娜英也有这样的
想法。她说她的朋友青青会给她当导游,带她去故宫。
我的朋友玲玲也说给我当导游,带我去长城。
我们这两个老外,由中国朋友当导游,就可以放心,
高兴地玩了,我得把照相机带着,多照些照片,
发给我日本的家人,也让他们欣赏一下中国的美景。

生词 New words

尽管 jǐnguǎn 비록 ~라 할지라도. (뒤에 전환의 표현 不过, 可是, 但是 등이 나옴)
想法 xiǎngfǎ 생각, 방법을 생각하다   故宫 Gùgōng 고궁
老外 lǎowài 【방언】【속어】외국인. [주로 북경(북경)의 젊은이 사이에서 사용]
地 de '~한, ~의' 형용사, 동사를 수식하여 부사형으로 만드는 부사형 어미.
发给 fāgěi 발급하다, 교부하다   欣赏 xīnshǎng 감상하다   美景 měijǐng 아름다운 풍경

쉬어가기 코너

[寓言 yùyán]

乌龟与兔

乌龟与兔为他们俩谁跑得快而争论不休。

于是，他们定好了比赛的时间和地点。

比赛一开始，兔觉得自己是天生的飞毛腿，跑得快，对比赛掉以轻心，躺在路旁睡着了。

乌龟深知自己走得慢，毫不气馁，不停地朝前奔跑。

结果，乌龟超过了睡熟了的兔子，夺得了胜利的奖品。

这故事说明，奋发图强的弱者也能战胜骄傲自满的强者。

 **보충학습**

1. 要의 사역적 용법

> 주체(A) + 要 + 인칭(B) + 동작(C)
> A가 B 보고 C 할 것을 시킨다 (A는 B가 C 할 것을 요구한다)

* 叫, 教, 派 등도 사역용법으로 사용한다.

Wǒmen gōngsī de zǒngjīnglǐ yào wǒ dào jīchǎng lái jiē nín.
我们公司的总经理要我到机场来接您。
저희 회사의 사장님이 저보고 귀하를 마중하러 공항에 가라고 하셨습니다.

Māmā yào wǒmen sòng jǐtiáo yú gěi nǎinai.
妈妈要我们送几条鱼给奶奶。
어머니가 우리더러 생선 몇 마리를 할머니께 보내 드리라고 하셨어요.

2. 要와 得의 비교

要	Wǒ yào qù. **我要去。**	나는 가야 한다. [의무, 의지]
	Yào wǒ qù. **要我去。**	나보고 가라고 한다. ← 내가 가기를 요구한다 [사역]
得	Wǒ děi qù. **我得去。**	나는 가야 한다. [의무]
	Děi wǒ qù. **得我去。**	나는 가야 한다. ← 내가 가는 것이 필요하다 [의무]

문형 연습

1 어순에 맞게 다시 써 보세요.

① 来 北京 我 已经 过 三次 了

② 次 这 我 准备 北京 在 学习 一年

③ 这样 想法 的 娜英 我 朋友 也 有

④ 给 当 导游 东东 答应 我

2 틀리거나 어색한 부분을 고쳐 보세요.

① 给娜英青青当导游。

② 休息的时间我很想看看到处。

③ 把照相机我带着去旅游。

④ 今天的晚会，我主持由。

95

3 맞는 단어를 골라 빈 칸에 채워 넣으세요.

> 보기   由   给   把

① 孩子_____杯子打碎了，妈妈很生气。
② 这场比赛_____中国队先发球。
③ 我_____日本的朋友们写了信。

4 다음의 단어나 문형을 사용해서 중작 해 보세요.

① 真~啊_____
② 几次_____
③ 应该_____
④ 别_____

2

생활 회화

어순 잡는 기초 공부 Tip!

중국어 문장은 어순만 알면 쉽게 만들 수 있답니다. 2부 총 아홉 과는 기본문장에서 파생되는 문장 회화로 중국어에 쉽게 접근할 수 있고, 중국어 문장 뼈대가 어떻게 구성되는지 알 수 있는 필수 회화문으로 구성하였습니다. 필수 기초 회화는 모두 달달 외우고, 어법노트를 통해 필수 어법 사항을 정리해 보세요. 어순을 알면 중국어 문장이 보입니다.

2부 목차

1과 爸爸妈妈吵架了。•101 / 2과 你的作业都做完了吗？•113 / 3과 阅读练习 •123 / 4과 我的钱包被偷了。•133 / 5과 听说你买新的自行车了？•145 / 6과 阅读练习 •155 / 7과 开工资。•165 / 8과 这套保暖内衣我可以看看吗？•179 / 9과 阅读练习 •189

Memo

듣고 쓰는 연습문제

1 녹음을 잘 듣고 답을 써 보세요.

① 王经理什么时候出差了?
_____

② 报社的记者为什么找王经理?
_____

③ 王经理什么时候能回来?
_____

④ 张记者留下自己的联系方式了吗?
_____

2 녹음을 잘 듣고 빈 칸을 채우세요.

① 对不起, 王经理_____出差去上海了。您是哪位?

② 他_____什么时候能回来

③ 您_____您的电话吧, 王经理回来_____,
我_____他和您联系。

● 학습목표
1. 사역동사 让, 叫
2. 정도보어, 가능보어

爸爸妈妈吵架了。

妈妈让我去医院，爸爸却叫我在家休息。
엄마는 나에게 병원에 가라고 하고 아빠는 집에서 쉬라고 하시고…

吵得厉害吗?
말다툼 심하게 하셨니?

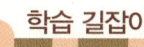

이 과에서는 사역동사 让의 용법과, 정도보어/가능보어의 용법을 익히게 됩니다.

상황별 회화

宝宝 昨天你怎么没来上班?

青青 别提了,昨天感冒,难受死了,连饭也吃不下。

宝宝 是吗?那么重?去医院了吗?

青青 去是去了,不过心情有点不好。

宝宝 为什么?发生什么事了?

青青 因为去不去医院的问题,我爸妈吵了一架。

宝宝 是吗?吵得厉害吗?

青青 没什么事,妈妈让我去医院,爸爸却叫我在家休息,他说感冒不是病,在家多休息就行,因为这么点小事,两个人就开始争论。

宝宝 结果呢?

青青 结果吵了半天也没说明白谁对谁错。

宝宝 我爸爸妈妈也是,一点小事也吵,不过一会儿就和好。

青青 一样一样，昨天我爸妈也是，过后就一起看电视了，
像没事发生过一样。

生词 New words

提 tí 指出或举出 언급하다, 말하다
*看这台机器, 请提问题。 이 기계를 보시고 문제를 제기해주세요.

感冒 gǎnmào 传染病, 病原体是病毒 감기(걸리다)

难受 nánshòu 身体不舒服, 伤心 참을 수 없다, 견딜 수 없다
*他那个人脾气不太好, 再加上很傲慢, 真难受。
그 사람은 성격도 별로 안 좋은데 게다가 오만하기까지 해, 정말 참을 수 없어.

吃不下 chībuxià 不能吃下 먹을수 없다
*多吃吧。많이 드세요. → 吃饱了, 吃不下。배불리 먹었어요, 더 못 먹겠어요.

争论 zhēnglùn 互相辩论 쟁론하다
*争论不休 쉬지 않고 다투다

心情 xīnqíng 感情状态 마음, 심정
*心情不一样, 感受也不一样。마음이 다르니 느낌도 다르다.

吵架 chǎo jià 剧烈争吵 말다툼(하다)

厉害 lìhài 难以对付或忍受 대단하다, 굉장하다
*头疼啊! 疼得厉害。 아이구 머리야, 굉장히 아프네.

小事 xiǎoshì 작은 일
*那样的小事, 你不用讲究。그러한 작은 일에 너무 신경 쓰지 마세요.

和好 hé hǎo 和睦 혱 화목하다 동 화해하다
*别争论, 兄弟之间应该和好。논쟁하지 마세요, 형제지간에 화목해야죠.

一样 yíyàng 같다

학습중점

1 别提了。

말도 마세요 [정도가 심한 것을 나타냄]

A: 他还在吃呢?
그 사람 아직도 먹네요?

B: 别提了, 他的肚子是无底洞。
말도 마세요, 밑빠진 독이예요.

* A: 上周星期天你怎么没参加排队? 지난주 일요일 왜 파티에 안 왔어요?

B: 上别提了, 出门的时候不小心跌到了, 受脚伤, 今天才外出了。
말도 마세요, 나올 때 부주의해서 걸려 넘어져 발을 다쳤는데, 오늘에야 외출하게 되었어요.

2 ~ 死了

"~ 해 죽겠다" 조금 과장된 표현이지만 정도가 심할 때 자주 사용하는 표현입니다.

- 烦死了。
  귀찮아 죽겠다.

- 整天一顿饭也没吃, 饿死了。
  하루 종일 한끼도 안 먹었더니 배고파 죽겠다.

③ 就

어떤 행동이나 상황이 일어나자마자 또 다른 행동이나 상황이 곧이어 일어남을 나타내는 표현. "~하자 마자"로 해석을 합니다.

- **你在这儿等我一会儿，我去买包香烟就回来。**
  여기에서 조금만 기다리세요. 담배 한 갑 사가지고 돌아올게요.
- **上午哥哥接李先生的电话就出去了，还没有回来。**
  오전에 형은 이선생의 전화를 받고 바로 나갔는데, 아직 돌아오지 않았다.
- **张先生星期天来我家，就呆了一天，星期一上午回去的。**
  장선생은 일요일에 우리 집에 와서 바로 하루를 묵고 월요일 오전에 돌아갔다.
- A: **你怎么知道他是从中国来的游客？**
  당신 저 사람이 중국에서 온 여행객인지 어떻게 알아요?
  B: **我从事这工作已经20年了，一看就知道。**
  전 이 일에 종사한지 이미 20년 이예요. 척 보면 알지요.

〈단어의 중첩〉

중국어에서 중첩해서 사용하는 경우는 대개 강조의 용법입니다.

(1) 양사의 중첩 : 매 개체를 모두 강조하며, 예외가 없다는 의미를 나타냅니다.

同学们的事，件件他都关心。 학우들의 일에 그는 일일이 관심을 갖는다.
个个学生都喜欢王老师。 학생들마다 왕 선생님을 좋아한다.
你天天做饭吗？ 당신은 매일 밥을 하나요?

(2) 동사의 중첩 : 일반적으로 잠시, 잠깐의 시간이나 시도의 의미를 나타냅니다.

请你问问，这是什么？ 당신께 좀 물어 볼게요, 이것이 뭔가요?
请你想(一)想，我们什么时候见面？
좀 생각해보세요, 우리 언제 만날까요?
看看这篇文章，这句话是什么意思面？
이 문장을 좀 봅시다. 이 말이 무슨 뜻이죠?

(3) 형용사의 중첩 : 정도나 상태를 강조하여 묘사할 때 사용합니다.

他方方的脸盘儿，黑油油的头发。
그는 넙적하게 각진 얼굴에 까맣게 윤기나는 얼굴이다.
刘明华是个干干净净的小伙子。 유밍화는 아주 깔끔한 젊은이다.
你看，这件事不是明明白白的吗？
보세요, 이 일은 명명백백한 일이잖아요?

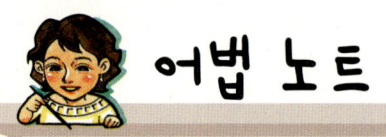 어법 노트

1 사역동사 让

…하도록 시키다. …하게 하다. …하도록 내버려두다.

不让去 (=不让我去) 못 가게 하다
我不能让你这么做。 나는 너로 하여금 이렇게 하도록 할 수는 없다.
让我过去。 지나가게 해 주시오.
对不起, 让你久等了。 미안합니다. 오래 기다리시게 했습니다.
他要去就让他去吧! 그가 가고 싶다면 가도록 내버려 두시오.

让 다음에는 일을 시키는 대상이 나옵니다.

2 정도보어

정도보어는 동사/형용사 술어 뒤에서 동작이나 상태의 정도를 보충해 줍니다.

① 주어 + 동사 + 得 + (정도부사) + 보어

他跑得很快。 그는 빨리 달린다. (뛰는 정도가 빠르다)
他骑得不太快。 그는 그렇게 빨리 못 탄다. (타는 정도가 빠르지 않다)

② 주어 + (동사) + 목적어 + 동사 + 得 + (정도부사) + 보어

他(说)汉语说得很流利。 그는 중국어를 아주 유창하게 한다.
我(唱)歌唱得不好。 나는 노래를 잘 못한다.

③ 주어 + 동사/형용사 + 极了/死了/透了/坏了

我饿死了。 배고파 죽겠다.
我难受死了。 나 힘들어 죽겠다.
他怎么还不来? 他把妈妈气坏了。
그는 왜 아직도 안 오니? 엄마가 화가 많이 나셨어.

3 가능보어

가능보어는 동사 뒤에서 동작의 가능 여부를 보충 설명해 줍니다.

① 동사 + 得/不 + 보어 : ~할 수 있다/할 수 없다

最近去北京的飞机票很紧张，你恐怕买不到。
요즈음 북경으로 가는 비행기표가 부족해서, 네가 살 수 없을지도 모른다.

这个地方太小了，一百多个客人肯定坐不下。
이 장소는 너무 작다. 100명 넘는 손님들은 분명히 다 못 앉을 것이다.

② 동사 + 得/不 + 了(liǎo) : (끝까지, 완전히 다) ~할 수 있다/할 수 없다

现在我没带钱，买不了。 지금 돈을 안 가져와서 살 수 없다.

③ 동사 + 得/不 得 : ~할 수 있다/할 수 없다

这是为爸爸剩下的，你吃不得。
이건 아빠를 위해 남겨 놓은 거야. 네가 먹으면 안돼.

보충 회화

1. 使令 shǐlìng

A   Zài jiā shí, māma jīngcháng ràng nǐ zuò shénme?
    在家时，妈妈经常让你做什么？

B   Māma jīngcháng ràng wǒ dǎsǎo.
    妈妈经常让我打扫。

A   Gōngsī ràng nǐ lái Zhōngguó zuò shénme?
    公司让你来中国做什么？

B   Gōngsī ràng wǒ lái Zhōngguó guǎnlǐ zhèbiān de shēngyi.
    公司让我来中国管理这边的生意。

A   Bǎobao jiào nǐ zuò shénme?
    宝宝叫你做什么？

B   Tā qǐng wǒ yìqǐ chī wǎnfàn.
    她请我一起吃晚饭。

2. 询问原因 xúnwèn yuányīn

A   Zuótiān nǐ zěnme méi lái shàng kè?
    昨天你怎么没来上课？

B   Wǒ gǎnmào le.
    我感冒了。

A   Nǐ zěnme lái de zhème wǎn?
    你怎么来得这么晚？

B   Duìbuqǐ, yìzhí dǔ chē le.
    对不起，一直堵车了。

 한국인이 어려워하는 중국어 **精選**

意思(yìsi)의 다양한 의미

(1) 뜻, 의미

'节约'就是不浪费的意思。
你这句话是什么意思?

(2) 생각, 의견 / 염원, 심정

大家的意思是一起去。
我想跟你合写一篇文章, 你是不是也有这个意思?

(3) 재미, 흥미

这棵松树长得像座宝塔, 真有意思。
他看着工业展览会上新产品, 感觉很有意思。

(4) 선물에 담긴 '성의' '마음', 감사의 뜻, 친밀한 정

这不过是我的一点意思, 你就收下吧!
不管礼物怎样, 他这种意思是很真挚的。

(5) 어떤 일의 추세, 경향, 기색, 상황

天有点要下雨的意思。

문형 연습

1 그림을 보고 본문 내용을 떠올리며 질문에 답해 보세요.

① 青青怎么了? _____
② 她的父母为什么吵架? _____
③ 她的父母很快就怎么样了? _____

2 다음 질문에 대해 자신의 상황에 맞게 답해 보세요.

① 感冒时感觉怎么样? _____
② 上课时，老师经常让你做什么?
_____
③ 你唱歌唱得好吗? _____
④ 你看得懂中国电影吗? _____

3 다음 중 적합한 단어를 찾아 빈칸에 써 넣으세요.

| 보기 | 让 | 叫 | 干净 | 清楚 |

① 这个问题不难，他搞得_____。
② 爸爸_____我好好学习。
③ 房间打扫得_____。
④ 小李_____你做什么?

 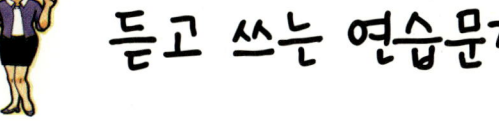

듣고 쓰는 연습문제

1 녹음을 잘 듣고, 내용과 일치하지 않는 내용을 고르세요.

① 青青和宝宝怎么了?
_____

② 她们要去医院吗?
_____

③ 宝宝为什么让青青等一会儿?
_____

2 다음 중국어 대화문을 들으며 빈 칸을 채워 넣으세요.

宝宝　你昨天怎么没来上班?

青青　_____, 昨天感冒, 难受_____了, 连饭也吃

　　　_____。

宝宝　是吗? 那么重? 去医院了吗?

青青　没去, 妈妈_____我去医院, 爸爸却_____我在
　　　家休息, 他说感冒不是病, 在家休息一下就行。

111

● 학습목표
1. 사역동사 请, 使
2. 결과보어, 방향보어

 你的作业都做完了吗？

还没做完，我不知道怎么用"使"造句子。请您举个例子好吗？

아직 다 안 했어요. 使를 사용해서 어떻게 글을 만드는지 모르겠어요. 예를 좀 들어주시겠어요?

那么作业明天交上来吧。

그럼 숙제는 내일 제출하세요.

학습 길잡이

부탁할 때 사용하는 사역동사 请과 감정과 관련되어 사용되는 사역동사, 일이나 동작의 결과를 나타내는 결과보어, 행동의 방향을 표시하는 방향보어의 용법을 공부합니다.

상황별 회화

老师 Shānběn, nǐ de zuòyè dōu zuòwán le ma?
山本，你的作业都做完了吗？

山本 Hái méi zuòwán, wǒ bùzhīdào zěnme yòng 'shǐ' zào jùzi.
还没做完，我不知道怎么用"使"造句子。

Qǐng nín jǔ ge lìzi hǎo ma?
请您举个例子好吗？

老师 Hǎo de, bǐrú shuō: "Tā shǐ wǒ hěn wéinán." jiù shì yīnwèi tā,
好的，比如说："他使我很为难。"就是因为他，

wǒ bù zhīdào zěnme bàn cái hǎo de yìsi.
我不知道怎么办才好的意思。

山本 Wǒ yǒu diǎnr míngbái le. "shǐ" hé "ràng" chàbuduō ba?
我有点儿明白了。"使"和"让"差不多吧？

老师 Duì, búguò, "shǐ" jīngcháng yònglái zhǐ gǎnqíng, "ràng" yě kěyǐ zhǐ ràng
对，不过，"使"经常用来指感情，"让"也可以指让

mǒurén zuò mǒushì.
某人做某事。

山本 À, shì zhèyàng a, zhè huí wǒ míngbái le.
啊，是这样啊，这回我明白了。

老师 Guàibude nǐ de Hànyǔ jìnbù de zhème kuài, nǐ zhēn rènzhēn ā.
怪不得你的汉语进步得这么快，你真认真阿。

山本 Xièxie nín zhème kuā wǒ, Hànyǔ hěn nán, yào xué de háiyǒu hěn duō.
谢谢您这么夸我，汉语很难，要学的还有很多。

老师 Mànmàn lái, nàme zuòyè míngtiān jiāoshànglai ba, jīntiān yòng zhège cí zào
慢慢来，那么作业明天交上来吧，今天用这个词造

sān ge jùzi ba.
三个句子吧。

山本 Hǎo de, rúguǒ yǒu wèntí, wǒ zài wèn nín, xíng ma?
好的，如果有问题，我再问您，行吗？

老师 Dāngrán kěyǐ, lái bàngōngshì zhǎo wǒ jiù xíng.
当然可以，来办公室找我就行。

山本　谢谢您。
　　　Xièxie nín.

生词 New words

作业 zuòyè 教师给学生的功课 (학생들의) 숙제, 部队给士兵布置的训练性的军事活动 (군사,작업상의)활동
***课外作业** 과외숙제　　***野外作业** 야외활동

做 zuò 制造, 写作, 从事某种工作或活动 일. 공부 등을 하다
***用纸做笔记本** 종이로 수첩을 만들다　　***做买卖** 장사를 하다

造 zào 做, 制作 (문장이나 물건 등을) 만들다
***创造** 창조, 창조하다　　***制造** 제조,제조하다

句子 jùzi 用词和词组构成的, 能够表达完整的意思的语言单位 문장
***造句子** 문장을 만들다　　***我不明白这句子的意思**。 이 문장의 뜻을 모르겠다.

举 jǔ 往上托, 举动 (예 따위를)들다, 제출하다
***举手** 손을 들다　　***一举两得** 꿩 먹고 알 먹고

例子 lìzǐ 用来帮助说明或证明某种情况或说法的事务 예
***举个例子说明吧**。 예를 들어 설명해보세요.

为难 wéinán 感到难以应付 난처하다. 곤란하다. 딱하다
***这是很为难的事**。 이것은 아주 곤란한 일이다.
***他真的叫人为难**。 그는 정말로 사람을 곤혹스럽게 해.

办 bàn 处理, 经营, 创设 (일 따위를) 하다. 처리하다
***办公事** 사무실
***你要上北京大学, 应该先办入学手续**。
　북경대학에 진학하려면 먼저 입학원서 접수를 해야 한다.

难怪 nánguài 怪不得, 不应当责怪(含有了解的意思) (일 따위를) 이상한 일이 아니다

交 jiāo 把事务转移给有关方面 (문서나 돈 등을)제출하다. 내다
***交税** 세금을 내다
***总经理把任务交给了我们这个部门**。 사장님은 임무를 우리 부서에 맡기셨다.

夸 kuā 把事情超过原有的程度
***不用夸别人的缺点**。 다른 사람의 결점을 과장하지 마세요.
***想要夸成绩是一种自己宣传**。 성적을 과장하고 싶은 것은 일종의 자기선전이다.

词 cí 说话或诗歌, 文章, 戏剧中的语句 말이나 문장의 어구
***语言里最小的, 可以自由运用单位** 말단어
***老师问的我没词儿回答**。 선생님께서 물어보셨는데 나는 한마디도 대답 못했다.

학습중점

1 比如说

"예를 들어 말하자면"이라는 뜻으로 상대방을 이해시키려 말을 할 때 예를 들어 설명하는 경우 사용하는 말. 举例说, 举个例子来讲, 比方说 등과 같은 용도로 사용

- '旱鸭子'是什么意思?
  ➡ 比如说不会游泳的人。

2 지시 대명사 某

① 일정한 사람이나 사물을 가리킴 ② 일정치 않은 사람이나 사물을 지칭

- **今天早上有人来找你了,他说张某。**
  오늘 아침에 어떤 사람이 찾아왔는데 장 아무개라고 하더라.
- **某人说人生是未完成的。** 어떤 사람은 인생은 미완성이라고 말한다.

3 难怪

문장 처음에 위치해서 '~한 것도 이상한 것이 아니다, 당연하다'

- **难怪他今天这么高兴,原来他这次考试里考得上了。**
  그가 고시에 합격했으니 오늘 이렇게 기쁜 것도 이상한 것이 아니다.
- **你这么没有礼貌,难怪别人不喜欢你。**
  당신이 이렇게 예의가 없으니 다른 사람이 싫어하는 것도 이상한 일이 아니다.

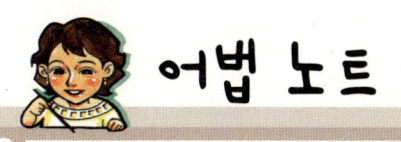

1 사역동사 请 ~대신에

보통 정중하게 요청할 때 사용하는 말입니다.

(1) 요청하다, 청구하다, 부탁하다, 신청하다

请假 휴가를 신청하다, 휴가를 받다
请你多加指导。 많이 지도해 주시기를 부탁합니다.

(2) 초빙하다. 초청하다. 부르다. (식사나 파티 따위에) 초대하다, 한턱내다

请大夫 의사를 부르다
你请我吧。 네가 한턱 내라.

(3) 【경어】 상대방에게 어떤 일을 부탁하거나 권할 때 쓰는 경어

您请坐。 앉으십시오.
请里边坐。 안쪽으로 들어와 앉으십시오.

2 사역동사 使

보통 사람의 감정과 관련이 되어 사용 되며 '~로 하여금 ~하게 하다'로 해석합니다.

使人振奋 사람을 분기시키다

117

3 결과보어 完

다하다, 없어지다, 다 떨어지다, 완결되다, 끝나다 [주로 '了'를 동반하여 보어로 쓰입니다]

用完了　다 떨어졌다(사용해서 없어졌다는 의미)
石油完了。　석유가 다 탔다.
事情做完了。　일을 다 끝냈다.

4 방향보어 上来

(1) 동사의 뒤에 쓰여 동작이 아래에서 위로 혹은 멀리서 가까이로 행해지는 것을 나타냅니다.

跑上来　뛰어 올라오다

(2) 동사 뒤에 쓰여 동작이 성취·완성에 가까워지는 것을 나타냅니다.

这个问题你一定答得上来。
이 문제는 당신이 반드시 대답해야(나가야) 한다.

那首诗他念了两遍就背上来了。
그 시는 그가 두 번 읽고 곧 외우게 되었다.

보충 회화

1. 询问

A _{Nǐ jīnnián duō dà?}
你今年多大？

B _{Wǒ jīnnián èrshí suì.}
我今年二十岁。

A _{Nǐ shǔ shénme?}
你属什么？

B _{Wǒ shǔ gǒu.}
我属狗。

A _{Nǐ xǐhuan kàn diànyǐng ma?}
你喜欢看电影吗？

B _{Xǐhuan, wǒ yě xǐhuan kàn liánxùjù. Nǐ ne?}
喜欢，我也喜欢看连续剧。你呢？

A _{Wǒ yě shì.}
我也是。

2. 拒绝

A _{Hé wǒ yìqǐ qù túshūguǎn hǎo ma?}
和我一起去图书馆好吗？

B _{Duìbuqǐ, wǒ de zuòyè hái méi zuò wán.}
对不起，我的作业还没做完。

A _{Míngtiān yǒu jùcān, dàjiā xiǎng qǐng nǐ yìqǐ qù, zěnmeyàng?}
明天有聚餐，大家想请你一起去，怎么样？

B _{Zhēn duìbuqǐ, míngtiān wǒ yǐjīng yǒu yuēhuì le.}
真对不起，明天我已经有约会了。

 한국인이 어려워하는 중국어 精選

知道, 认识와 熟悉

- 知道는
  ① 어떠한 사실이나 도리에 관해 알다
  ② 이해하다, 알아듣다

  他知道的事情很多。
  你的意思我知道。

- 认识는
  ① 사람, 장소, 글자 등에 대해서 잘 알고 있다

  我认识他。
  他不认识这种草药。

  ② 사람의 객관적인 이해나 지식에 대한 반영을 뜻함

  感性认识　　　理性认识

- 熟悉는 어떤 대상의 각 방면에 대해서 상세히 알다, 익숙하다라는 뜻.

  熟悉情况。
  我熟悉他。
  他们彼此很熟悉。

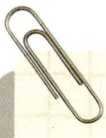

문형 연습

1 그림을 보고 본문 내용을 생각하며 질문에 답해 보세요.

① 山本的作业做完了吗?
② 山本为什么没做完作业?
③ 老师让他什么时候交作业?

2 다음 질문에 대한 답을 써 보세요.

① 请用"使"造个句子。 _____
② 今天你来晚了吗? _____
③ 从图书馆借的书还回去了吗?
_____
④ 邀请老师参加晚会时怎么说? (用"请"完成)
_____

3 다음 중 적합한 단어를 찾아 빈칸에 써 넣으세요.

| 보기 | 请 | 使 | 干净 | 过来 |

① 今天的工作太多, _____我没有吃饭时间。
② 他向我走_____。
③ 王经理, 我妈妈病了, _____给我一天假行吗?
④ 房间打扫_____了。

듣고 쓰는 연습문제

1 녹음을 잘 듣고, 다음 질문에 대한 답을 써 보세요.

① 山本的做业做完了吗?

_____

② 他为什么没完成作业?

_____

③ 山本去哪儿能找到老师?

_____

2 다음 중국어 대화문을 들으며 빈 칸을 채워 넣으세요.

老师   山本,你的作业都做完了吗?

山本   还没做_____。"使"字句不太懂,_____您举个例子好吗

老师   好的,比如说:外面太吵闹,_____我不能睡觉。

山本   啊,是因为太吵闹,我没有办法睡觉的意思吧。

老师   对。那写完后,把作业交_____吧。

장문독해마당

● 학습목표
1. 사역동사 请, 使, 让
2. 보어 (정도보어/방향보어/시량보어/동량보어)

03 阅读练习

有时难受得让人吃不下饭。
어떤 때는 아파서 밥도 못 먹을 정도에요.

为了使感冒不发展严重，要穿得保暖。
감기가 심해지지 않으려면 따뜻하게 입어야 합니다.

학습 길잡이

장문독해마당은 지난 과에서 배운 내용을 활용해서 장문을 해석하고 이에 따른 다양한 표현 방법을 익혀보는 실전의 장입니다.

 # 感冒(감기)

感冒，是一种说大不大，说小不小的疾病，严重了可以引起发烧、嗓子发炎、肺炎等。

有时难受得让人吃不下饭。

预防感冒的最好方法不是吃药，而是多锻炼，使身体保持健康。

得了感冒时，为了使感冒不发展严重，要多喝水，多休息，去公共场所时，要带上口罩，还要穿得保暖。

感冒经常发生在冬季和换季期间，注意季节变化时的着装也是预防感冒的好方法。

生词 New words

嗓子 sǎngzi 喉咙 목구멍, 목
*我有嗓子疼，不去了。 나는 목이 아파서 안 갈래.

肺炎 fèiyán 肺部发炎的病 폐렴
*得感冒，应该防止发展到肺炎。 감기에 걸리면 폐렴으로 번지는 것을 막아야 한다.

预防 yùfáng 实现防备 예방, 예방하다
*冬天天气很干燥，每个人都得预防得感冒。
겨울 날씨는 매우 건조하니 각 사람은 감기를 예방해야 한다.

保持 bǎochí 维持原状，使不消失或减弱 (소실되거나 약해지지 않게 원상태를) 유지하다
*大多数人很兴奋，但是只一个人保持冷静。
대다수의 사람은 흥분했지만, 오직 한 사람만이 냉정을 유지했다.

发展 fāzhǎn 事物由小到大，由简单到复杂的变化 발전하다, 발전, 상태가 변하다
*随着社会发展，人民需要遵守社会规律。
사회가 발전함에 따라 사람들은 사회규범을 지킬 필요가 있다.

公共场所 gōnggòngchǎngsuǒ 属于社会的，共有公用的场所 공공장소
*公共场所里应该爱护公共财产。 공공장소에서는 공공재산을 잘 사용해야 한다.

口罩 kǒuzhào 卫生用品，用纱布等制成，罩在嘴和鼻子上，防止灰尘和病菌侵入 마스크
*你得感冒，为什么不带着口罩出来，发展到肺炎怎么办？
당신 감기에 걸렸는데 왜 마스크를 쓰지 않고 나왔어요. 폐렴으로 번지면 어떻게 하려구요?

换季 huànjì 随着季节而更换 환절기
*换季了。好好儿准备衣装吧。 환절기예요. 옷을 잘 준비하세요.

着装 zhuózhuāng 指穿戴衣帽等, 衣着 의복, 모자 등을 가리킴
*校长来了，大家检查一下，个人的着装。
교장 선생님이 오세요, 모두들 각자 옷차림을 살펴보세요.

山本的日记(산본의 일기)

《学汉语》

我是山本，现在在北京学习汉语，我喜欢汉语的原因其实是因为一部电影。

有一次，我和朋友一起去中国大使馆时，看了一部电影，这部电影是介绍中国文化的，我觉得中国文化很有意思，所以很想来中国看看，了解一下中国。

后来，我开始学习中文，我发现既有拼音又有汉字的这种语言，很特别也很神秘，虽然开始时觉得很难，但越学越发现了乐趣，我想继续认真地学习汉语，更多地了解中国。

生词 New words

大使馆 dàshǐguǎn 有一国派驻在他国的最高一级的外交机官 대사관
*你想外国留学，就得先去大使馆。외국으로 유학가려면 먼저 대사관으로 가라.

拼音 pīnyīn 把两个或两个以上的音素结合起来成为 병음
*汉语以拼音和声调而构成。중국어는 병음과 성조로 구성되어 있다.

神秘 shénmì 使人摸不透的 신비롭다
*科学并不是那么神秘，只要努力钻研，就可以掌握它。
과학은 그렇게 신비로운 것이 아니라, 연구를 계속하면 마스터할 수 있다.

乐趣 lèqù 使人感到快乐的意味 즐거움, 낙
*上班族周末去野外活动这是一种生活上的乐趣。
샐러리맨이 주말에 야유회를 가는 것은 일종의 생활의 낙이다.

甜 tián 像糖和蜜的味道 단맛, 달콤하다
*他的话说得很甜。그의 말은 아주 달콤하다.

熟悉 shúxī 知道的很清楚 익숙하다, 낯익다
*你的笑容这样熟悉。당신의 웃는 얼굴이 이렇게도 낯익네요.

쉬어가기 코너

tiánmìmì
甜蜜蜜

演唱: 邓丽君 (등려군)

tiánmìmì　nǐ xiàode tiánmìmì,
甜蜜蜜 你笑的甜蜜蜜

hǎoxiàng huā er kāi zài chūn fēng lǐ　kāi zài chūn fēng lǐ
好像花儿开在春风里 开在春风里

zài　nǎli　zài　nǎli jiànguò nǐ
在哪里 在哪里见过你

nǐ　dì xiàoróng zhèyàng shúxi,　wǒ　yìshí xiǎng bù qǐ
你的笑容这样熟悉，我一时想不起

ā!　　　zài mèng　lǐ
啊!~~~~ 在~梦~里~~~

mèng lǐ　　mèng lǐ jiànguo nǐ
梦里~~~梦里见过你~~

tiánmì　　xiào de duō tiánmì
甜蜜~~~笑的多甜蜜~~~~~~

shì nǐ shì nǐ mèng jiàn de jiùshì nǐ
是你是你 梦见的就是你~~~~

nǐ　de xiàoróng zhèyàng shúxi wǒ　yìshí xiǎng bù qǐ
你的笑容这样熟悉我一时想不起

ā!　　　zài mèng　lǐ
啊!~~~~ 在~梦~里~~~

 한국인이 어려워하는 중국어 **精選**

以为와 认为

认为는 사람이나 사물에 대한 추측이나 객관적인 생각을 반영합니다.
以为도 역시 사람이나 사물에 대한 추측을 나타내지만 추측이 사실과 일치하지 않을 경우에 사용됩니다.

我认为他可以担任这项工作。
나는 그가 이 일을 담당할 수 있다고 생각한다. (정확한 근거)

我认为他可以担任这项工作。
나는 그가 이 일을 담당할 수 있다고 생각했다. (실은 담당 불가)

我也曾经这样认为过。
나도 전에는 이렇게 여겼었다.

我们认为所有国家都应该一律平等。
우리는 모든 국가가 평등해야 한다고 생각한다.

我以为她能来。
나는 그녀가 올 수 있을 줄 알았다. (실은 올 수 없음)

她以为我会游泳呢。
그녀는 내가 수영을 할 수 있다고 생각했다. (실은 할 수 없음)

예문에서 본 것처럼 **认为**는 객관적이고 근거가 있는 타당한 논증이나 사실에 근거한 추측, 생각을 나타내며, **以为**는 개인의 막연한 추측이나 생각이거나, 그 생각이 빗나갔음을 암시합니다.
"**认为**"는 피동문에도 쓰일 수 있지만 "**以为**"는 "**被**"자 피동문에 사용될 수 없습니다.

문형 연습

 어순에 맞게 다시 써 보세요.

① 感冒 发烧 头疼 时 会 还会
_____

② 嗓子 疼 特别 时 可能 下 吃 不 饭
_____

③ 要 穿 得 冬天 保暖
_____

④ 太多 作业 玩儿 使 不能 我
_____

 틀리거나 어색한 부분을 고쳐 보세요.

① 让老师他明天交作业。
_____

② 感冒有时让人吃饭不下。
_____

③ 房间太热了,应该打上空调。
_____

④ 我们今天走家吧。
_____

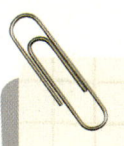

3 빈 칸에 맞는 단어를 골라 써 보세요.

> 보기: 让　　使　　上去　　太多

① 努力地学习，_____我通过了这次考试。

② 这座山他们爬_____了。

③ 爸爸_____我去给他买啤酒。

④ 中午我吃得_____，现在也不饿。

4 주어진 단어나 문형으로 중작 해 보세요.

① 请_____

② 叫_____

③ 干净(결과보어로 사용)_____

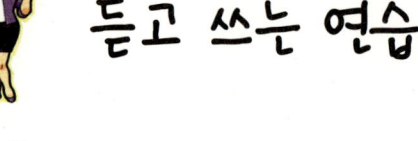

1 녹음을 잘 듣고 질문에 대한 답을 써 보세요.

① B昨天为什么没来上班?
_____

② 得的是什么病?
_____

③ 医生让B最近吃什么?
_____

④ B今天完全好了吗?
_____

2 녹음을 잘 듣고 빈 칸을 채우세요.

A: 你为什么来中国学习汉语?

B: 妈妈_____我学_____汉语,以后当个翻译。

A: 难怪你学习_____认真,才来不到半年,就说得_____了。

B: 哪里哪里,_____这么夸我。

● 학습목표
1. 被、比
2. 어기조사 了
3. (HSK) 啊, 呢, 嘛, 吧, 罢了

04 我的钱包被偷了。

真倒霉，我的钱包被偷了。 정말 재수없군, 지갑을 도둑맞았어.

今天比平时带得少，只有几十块罢了。
오늘은 평소보다 조금 가지고 나왔어, 몇 십 원 정도에 불과해.

학습 길잡이

수동태를 만드는 被, 비교를 나타내는 比, 어기조사 了 외에 HSK의 출제빈도가 높은 어기조사들을 배웁니다.

상황별 회화

宝宝 真倒霉，我的钱包被偷了。

青青 在哪儿被偷的？

宝宝 好像是刚才在公共汽车上，身份证，银行卡都在里面呢！

青青 别急，我们先报警吧！身份证嘛，再重新办理就行，不过银行卡得马上办理挂失。

里面的钱多吗？

宝宝 今天比平时带得少，只有几十块罢了。

青青 那还好，我姐姐上个月也被偷了，好像也是坐公车时，钱包里有很多现金呢！

宝宝 现在的小偷怎么这么多？真可恶！

青青 是呀，社会太乱了，去哪儿都得小心点儿。

宝宝 真气人，连中午吃饭的钱都没有了。

青青　别生气了，中午我请你吃饭，我们现在得快去
　　　银行办挂失。

宝宝　好吧，谢谢你啊，青青。

青青　不客气。

生词 New words

倒霉 dǎoméi　运气不好　운이 없게도, 재수없게도
钱包 qiánbāo　装钱用的小包　돈지갑
偷 tōu　私下拿走别人的东西　훔치다
公共汽车 gōnggòngqìchē　供乘客乘坐的汽车　버스
身份证 shēnfènzhèng　身份证明书　신분증
报警 bàojǐng　向治安机关报告危急情况　긴급신고를 하다
重新 chóngxīn　表示从头另行开始　처음부터 다시, 새로 시작하는 의미
办理 bànlǐ　处理事务　일을 처리하다
银行卡 yínhángkǎ　在银行存钱，出钱时使用的卡片　은행카드
挂失 guàshī　到原发的机关去登记　분실신고하다
可 kě　表示强调 (강조의 부사) 정말로
*她带人可好了。그녀는 사람을 정말 잘 대해준다.
乱 luàn　没有秩序，没有条理　질서가 없는, 어지러운
*这篇讲稿改得太乱了，简单地说明吧。
　이 원고는 너무 복잡해요, 간단하게 설명해 보세요.
小心 xiǎoxīn　注意，谨慎　주의하다
*下雪了，路上很滑，小心。눈이 왔어요, 길이 미끄러우니 조심하세요.

# 학습중점

1 倒霉

갑자기 어처구니 없는 일을 당할 때 쓰는 표현, 주로 독립적으로 사용됩니다.

- **太倒霉了，去机场的路上遇见红灯，结果误了飞机。**
  너무 재수없어, 공항 가는 길에 빨간 신호등 때문에 비행기를 놓쳤다.

- **怎么倒霉的事全让我碰上了？**
  어째서 재수없는 일은 항상 나에게만 생기는 거야?

2 어기조사 呢

진행, 강조, 단정, 명령, 불만, 의문 등을 나타내는 뜻으로 사용합니다.

- **我看小说呢。** 나 소설보고 있잖아. (진행)
- **她男朋友挺帅呢。** 그녀의 남자 친구는 아주 잘생겼다. (강조)
- **这个问题该怎么回答呢？** 이 문제는 어떻게 대답해야 하지? (의문)

어기조사 吧

추측, 제안, 명령 등을 나타낼 때 사용합니다.

- **这是以前看的吧?** 이거 전에 봤던 거지? (추측)
- **我们吃饭吧。** 밥 먹자. (제안)
- **你快睡觉吧。** 빨리 자라. (명령)

 ## 어기조사 嘛

확인, 권고, 휴지 등을 나타낼 때 사용합니다.

- **大家都是留学生嘛!** 모두 유학생 이잖니?
- **你就听我的话嘛。** 너 그냥 내 말 들어.
- **这个嘛, 以后再说。** 이것은 다음에 다시 얘기 하자.

 ## 어기조사 罢了

서술문의 끝에 쓰여 '~일 뿐이다'의 뜻을 나타냅니다.

- **我不过是好奇罢了。** 나는 단지 호기심일 뿐이다.
- **谢谢你。** 감사합니다.
- **哪里哪里, 这就是我应当做的事罢了。**
  천만에요, 제가 마땅히 해야 할 일인걸요.

어법 노트

1. 피동문 被

피동전치사로 목적어와 결합해 "~에 의해 당하다"는 의미를 가지는 문장을 만듭니다.

> 어순 : 주어 + 被 + 목적어 + 동사 + 보어

我们的谈话被他听到了。 우리의 이야기를 그가 들었다.

出发的时间被他提前了三十分钟。
출발시간은 그에 의해 30분 앞당겨졌다.

他被爸爸批评了一顿。 그는 아빠에게 한차례 야단을 맞았다.

你的书刚才被这个孩子弄脏了。 네 책은 방금 이 아이가 더럽혔어.

2. 비교문 比

정도의 차이를 비교할 때 사용합니다.

她比我漂亮。 그녀는 나보다 예쁘다. (술어비교)

我家比你家还远。 우리 집은 너의 집보다 멀다. (주어비교)

今天比昨天冷一点儿。 오늘은 어제에 비해서 약간 춥다. (술어 + 보어비교)

苹果比西瓜贵十块钱。 사과는 수박보다 10원 더 비싸다. (비교의 차이)

她比你晚来了一个小时。 그녀는 너보다 한 시간 늦게 왔다. (동량사의 비교)

3 어기조사 了의 추가적 용법

문장 끝에서 사물의 정도, 성질 등 주관적인 변화를 나타냅니다.

① 새로운 상황의 발생, 변화

　　春天了, 天气暖和了。 봄이 되어 날씨가 따뜻해졌다.

② 곧 ~하려 한다

　　火车快要到了。 기차가 곧 도착한다.
　　他要毕业了。 그는 곧 졸업한다.
　　我们下个月就要结婚了。 우리는 다음달에 결혼한다.

③ ~할 때이다

　　起床, 该吃饭了。 일어나 밥 먹어야지.
　　他在等我, 我该走了。 그가 나를 기다리고 있어. 나 가봐야겠어.

④ ~하지 마라

　　你别去了, 去这么多人干嘛!
　　너는 가지 마라. 이렇게 많은 사람들이 가서 뭐하냐!

⑤ 너무 ~하다(강조)

　　他找到工作了, 太好了。 그가 직장을 구했다. 정말 잘됐다.

⑥ 더 이상 ~할 수 없다

　　好得不能再好了。 더 이상 좋은 수는 없다.
　　我再也不去了。 다시는 가지 않겠다.

 보충 회화

1. **点菜** diǎncài

A _{Qǐng wèn, nín chī diǎnr shénme?}
请问，您吃点儿什么？

B _{Lái yí ge chǎo niúròu, zài lái yí ge jīdàntāng, yì wǎn mǐfàn.}
来一个炒牛肉，再来一个鸡蛋汤、一碗米饭。

A _{Hǎo de. Nín hē diǎn shénme ma?}
好的。您喝点什么吗？

B _{Lái yì píng píjiǔ ba.}
来一瓶啤酒吧。

A _{Hái yào biéde ma?}
还要别的吗？

B _{Bú yào le, jiù zhèxiē ba.}
不要了，就这些吧。

A _{Hǎo de, qǐng shāoděng.}
好的，请稍等。

2. **邮局** yóujú

A: 小姐，我要寄包裹。
Xiǎojiě, wǒ yào jì bāoguǒ.

B: 您要往哪寄？
Nín yào wǎng nǎr jì?

A: 我要往韩国寄。
Wǒ yào wǎng Hánguó jì.

B: 您要用快递还是平寄？
Nín yào yòng kuàidì háishì píngjì?

快递两天之内到，平寄要一周。
Kuàidì liǎngtiān zhī nèi dào, píngjì yào yī zhōu.

A: 那快递吧。
Nà kuàidì ba.

B: 请先称一下重量吧。
Qǐng xiān chēng yíxià zhòngliàng ba.

 한국인이 어려워하는 중국어 **精選**

了解와 理解

- 了解는

  ① '이해하다, 알고 있다'의 뜻으로 동사로 사용되며, 어떤 일이나 사람에 대해서 잘 이해하고 있음을 나타냄.

  > 只有眼睛向下，才能真正了解群众的愿望和要求。
  > 其实你并不了解我。

  ② 알아보다, 조사하다.(=打听, 调查)

  > 先去了解情况。
  > 这穷竟是怎么回事？你去了解一下。

- 理解는

  이해하다(사물이나 원리에 대해 알고 있는 것, 사람의 마음을 이해하는 것이 포함)

  > 你的意思我完全理解。
  > 他对老师的话不理解。

  [비교]

  > ① A: 你很了解我。   B: 你很理解我。
  > ② A: 我们应该互相了解。 B: 我们应该互相理解。

  - ①의 A는 그가 어느 일정 기간 연구 또는 조사 끝에 나의 상황(개인경력, 습관, 취미 사상 등)을 분명하게 알고 있다는 의미
  - ①의 B는 그가 나를 잘 이해하기 때문에 내가 왜 이렇게 생각하고, 말하고, 행동하는지를 분명히 안다는 뜻
  - ②의 A는 쌍방이 서로 알게 된 후 상대방의 여러가지 상황을 더 잘 알아야 한다는 의미. 즉, 상대방이 무엇을 생각하고 어떻게 행동하는지를 이해해야 한다는 것임
  - ②의 B는 서로를 이해하고 있는 상황에서 의견의 불일치를 없애고, 서로 존중하고 용서하고 사이좋게 지내야 한다는 것을 의미함

문형연습

1 그림을 보고 질문에 답해 보세요.

① 宝宝在哪儿?
② 宝宝发生了什么事?
③ 钱包里有什么?

2 다음 질문에 대해 자신의 상황에 맞게 답해 보세요.

① 你被偷过钱包吗? _____
② 钱包被偷了,应该怎么办? _____
③ 你比弟弟高吗? _____

3 다음 중 적합한 단어를 찾아 빈칸에 써 넣으세요.

> 보기 被   啊   了   吧

① 我写完作业_____。
② 他_____爸爸批评了。
③ 是你_____, 快进来_____。

143

듣고 쓰는 연습문제

1 녹음을 잘 듣고, 질문에 대한 답을 써 보세요.

① 青青在哪儿?

② 青青去那儿做什么?

③ 银行职员向青青要什么?

2 다음 중국어 대화문을 들으며 빈 칸을 채워 넣으세요.

宝宝　我的钱包_____, 身份证, 银行卡都在里面_____!

青青　别急, 我们先报警_____! 身份证_____, 再重新办理就行, 不过银行卡得马上办理挂失。里面钱多吗?

宝宝　今天_____平时带得少, 只有几百块_____。不过, 钱包是妈妈送我的礼物, 是我最喜欢的。

● 학습목표
1. 虽然~但是
2. 一边~一边
3. (HSK) 구조조사 的, 地, 得

听说你买新的自行车了?

虽然我是外国人，**但是**我的朋友很多，什么事都很快知道。
비록 나는 외국인이지만 친구는 아주 많아서 무슨 일이든지 아주 빨리 알지요.

每天一边听着音乐，**一边**骑车。
매일 음악을 들으며 자전거를 탑니다.

학습 길잡이

전환을 나타내는 복문 '虽然~但是…'와 동작의 동시 진행을 나타내는 문형 '一边~,一边…'을 학습합니다.

145

상황별 회화

娜英 Qīngqīng, tīngshuō nǐ mǎi xīn de zìxíngchē le?
青青，听说你买新的自行车了？

青青 Shì ya! Nǐ de xiāoxi hěn língtōng ma!
是呀! 你的消息很灵通嘛!

娜英 Suīrán wǒ shì wàiguórén, dànshì wǒ de péngyǒu hěn duō,
虽然我是外国人，但是我的朋友很多，
shénme shì dōu hěn kuài zhīdào.
什么事都很快知道。

青青 Zhēn yǒu nǐ de! Nǐ kàn, nà liàng hóngsè de jiùshì.
真有你的! 你看，那辆红色的就是。

娜英 Wā! Hǎo piàoliang ā! Nǐ měitiān dōu qíchē lái shàngxué ma?
哇! 好漂亮啊! 你每天都骑车来上学吗？

青青 Duì, měitiān yìbiān tīngzhe yīnyuè, yìbiān qí chē,
对，每天一边听着音乐，一边骑车，
juéde hěn kuài jiù dào xuéxiào le, érqiě hái néng duànliàn shēntǐ.
觉得很快就到学校了，而且还能锻炼身体。

娜英 Zhēn búcuò, wǒ yě xiǎng qí, búguò wǒ bú huì.
真不错，我也想骑，不过我不会。

青青 Shì ma? Hánguó rén búhuì qí zìxíngchē de rén duō ma?
是吗? 韩国人不会骑自行车的人多吗？

娜英 Bù duō, jīhū dōu huì qí, wǒ zǒngshì hàipà shuāidǎo, bù gǎn qí.
不多，几乎都会骑，我总是害怕摔倒，不敢骑。

青青 Bié dānxīn, wǒ jiāo nǐ, hěn róngyì de!
别担心，我教你，很容易的!

娜英 Zhēnde ma? Tài hǎo le, búguò Běijīng chē hěn duō,
真的吗? 太好了，不过北京车很多，
yào hěn xiǎoxīn de qí ba?
要很小心地骑吧？

青青 Dāngrán yào xiǎoxin, búguò mànmàn de qí, méi guānxi de.
当然要小心，不过慢慢地骑，没关系的。

娜英 Nà hǎo, zhè huí nǐ jì shì wǒ de Hànyǔ lǎoshī yòu shì wǒ de
那好，这回你既是我的汉语老师又是我的
zìxíngchē lǎoshī le.
自行车老师了。

生词 New words

灵通 língtōng (消息)来得快 (소식이) 빠르다
*他消息特别灵通。 그는 소식이 참 빠르다.

真有你的 zhēn yǒu nǐ de 정말 대단하다
*真有你的，你这么难的考试都通过了。
이렇게 어려운 시험을 통과하다니 정말 대단하다.

辆 liàng (量词)用于车 차따위를 세는 양사 [대]
*我有一辆汽车。你呢？ 나는 차 한대가 있어요, 당신은요?
我有十辆，都是玩具。 나는 열대가 있어요, 모두 장난감이죠.

不错 búcuò 对，正确 맞다，정확하다
*不错，你说的有道理。 맞아, 당신 말이 일리가 있어.

几乎 jīhū 将近于，接近于 거의，모두
*今天来图书馆的人几乎都没有了。因为今天是红日。
오는 도서관에 온 사람은 거의 없어. 왜냐면 휴일이니까.

总是 zǒngshì 全部的，全面的，一直，一向 항상，줄곧
*晚饭后王科长总是去湖水散布。
저녁 식사 후에 왕 과장님은 항상 호수에 가서 산책을 합니다.

摔倒 shuāidǎo 失去平衡而倒下 넘어지다
*妈妈出去的时候一不小心，就摔倒了。 엄마가 나가실 때 잘못해서 넘어지셨다.

不敢 bù gǎn 没有勇气，没有胆量 감히 ~하지 못하다
*爸爸面前我不敢说这件事。 아빠 앞에서 감히 이 일을 말할 수 없다.

钢琴 gāngqín 键盘乐器，体内装有许多钢丝铉和包有键盘 피아노
*我妹妹弹钢琴，弹得很好。 내 동생은 피아노를 잘 친다.

弹 tán 用手指，器具拨弄或打使物体振动 (악기등을) 치다，연주하다
*弹钢琴，弹琵琶 피아노를 치다，비파를 치다

학습중점

1. 구조조사 的

관형어를 만들어 목적어를 수식합니다.

[명사/대명사 + 的]

- 这是我的书。
  이것은 나의 책이다.

[동사/형용사 + 的]

- 什么是最好吃的菜?
  어느 것이 제일 맛있는 요리인가?

2. 구조조사 地

부사어를 만들어 술어를 수식합니다.

[형용사 + 地 + 동사]

- 好好地睡觉吧。 잘 자라.
- 三轮车跑地快。
  삼륜차가 아주 빨리 달린다.

3. 구조조사 得

동사나 형용사 뒤에서 정도보어와 기능보어를 연결시켜 줍니다.

① 정도보어: 동사 + 得 + 보어

  他说得很对。 그의 말이 정말 맞다.

② 가능보어: 동사 + 得/不 + 보어

  我听得懂。 알아 듣겠어요.
  现在可以进得去吗? 지금 들어갈 수 있나요?

 어법 노트

1 虽然~, 但是...

~하기는 하지만, 그러나 ... 하다.

我们虽然认识，但是互相并不了解。
우리는 비록 알기는 하지만 잘 알지는 못한다

那儿虽然条件很好，但是去旅游的人不很多。
그곳은 비록 조건이 아주 좋지만 여행가는 사람이 그리 많지는 않다.

2 一边~, 一边...

하나의 동작과 또 다른 하나의 동작이 동시에 진행됨을 표시. 이 형식에서는 앞절과 뒷절의 주어가 동일할 수도 있고 서로 다를 수도 있습니다.

我们一边听音乐, 一边欣赏风景。
우리는 음악을 들으면서, 경치를 감상합니다.

你们在这儿一边聊天, 一边喝点儿什么吧。
당신들은 여기서 얘기하면서 뭘 좀 마셔요.

 **보충 회화**

1. **兴趣** xìngqù / **爱好** àihào

A 你有什么爱好?
Nǐ yǒu shénme àihào?

B 我很喜欢看小说。
Wǒ hěn xǐhuan kàn xiǎoshuō.

你呢?
Nǐ ne?

你的爱好是什么?
Nǐ de àihào shì shénme?

A 我对钢琴很感兴趣,
Wǒ duì gāngqín hěn gǎn xìngqù,

最近在学习。
zuìjìn zài xuéxí.

B 是吗?
Shì ma?

我也很喜欢弹钢琴。
Wǒ yě hěn xǐhuan tán gāngqín.

2. **约会** yuēhuì

A 你今天晚上有时间吗?
Nǐ jīntiān wǎnshang yǒu shíjiān ma?

B 有什么事吗?
Yǒu shénme shì ma?

A 我想请你看电影。
Wǒ xiǎng qǐng nǐ kàn diànyǐng.

B 几点的电影?
Jǐ diǎn de diànyǐng?

A 晚上八点的。
Wǎnshang bā diǎn de.

B 好,我们什么时候去?
Hǎo, wǒmen shénme shíhòu qù?

A 一个小时以后去就行。
Yí ge xiǎoshí yǐhòu qù jiù xíng.

B 好,那我们先吃饭吧。
Hǎo, nà wǒmen xiān chī fàn ba.

 한국인이 어려워하는 중국어 **精選**

变 / 变化 / 变成

- 变는
    ① (성질, 상태, 상황이) 변하다, 바뀌다, 달라지다
    　– 예전과 달라졌음을 나타냄
    　– 뒤에 형용사가 와서 변하는 정도를 나타내기도 함
    　　变好　　变坏　　变胖　　变瘦　　变黑　　变白
    　– 정도보어가 올 수도 있음
    　　变得聪明了　　变得奇怪

    ② 변동하다, 융통하다, 임기응변하다
    　　这件事办起来有点儿难，请你变通一下。

    ③ 바꾸다, 변환하다, 교환하다
    　　变一个方式，也许会有另一种答案。

    ④ ..로 변하다 (为와 함께 쓰이기도 함)
    　　变废为宝。　　荒山变良田。

- 变化는 동사 또는 명사로 사물의 형태 혹은 성질상에 나타난 새로운 상황으로 변하는 것을 나타냅니다.
    　　世上的一切都在不断地变化着。 (동사로 사용)
    　　改革带来的变化各个处处可见。 (명사로 사용)

- 变成은 '변화하여 …이 되다' 라는 뜻을 가지고 있습니다.
    일반적으로 "变成"뒤에는 반드시 "变"의 결과를 설명하는 단어나 어구가 따릅니다.
    　　沙漠变成了绿洲。
    　　转眼间手帕变成了白兔。

문형 연습

1 그림을 보고 질문에 답해 보세요.

① 她们俩在谈什么? _____
② 青青的自行车是什么颜色的? _____
③ 青青每天怎么上学? _____

2 다음 질문에 대해 자신의 상황에 맞게 답해 보세요.

① 你会骑自行车吗? _____
② 你每天怎么上学? _____
③ 你喜欢什么颜色的自行车? _____

3 다음 중 적합한 단어를 찾아 빈칸에 써 넣으세요.

> 보기　虽然~但是　　一边~一边　　地　　得　　的

① 他_____吃饭_____看电视。
② 小王的字写_____非常好。
③ 妈妈_____工作很累,_____回到家还要做家务。
④ 我认真_____完成了老师留_____作业。

듣고 쓰는 연습문제

1 녹음을 잘 듣고 질문에 대한 답을 써 보세요.

① 在北京什么现象特别多? _____
② 因为什么骑车很方便? _____
③ 公交车比骑车快吗? _____
④ 对什么人来说自行车是最方便的交通工具?
_____

⑤ 会骑自行车吗? _____

2 다음 중국어 대화문을 들으며 빈 칸을 채워 넣으세요.

A: _____北京人骑自行车的特别多?
B: 是啊, 北京城市大, 道路平, 骑车很方便。
A: 那坐公交车的人多吗?
B: 多是多, 可是有时_____骑车还慢。
A: 为什么?
B: 因为要_____车, 有时要等很长时间, 坐上了车也要总等信号灯。
A: 啊~怪不得北京骑车的人那么多。
B: 对, 特别是上班族, 自行车对他们来说, 是最方便的交通工具。
A: 那, 你也一定会_____吧?
B: 当然, 我是北京人啊。

153

Memo

장문독해마당

● 학습목표
1. 복문 虽然~, 但是~ / 一边~, 一边~
2. 피동문 被, 비교문 比

06 阅读练习

现代的北京比以前发展多了，看到北京的变化，我非常高兴，我经常一边骑车，一边欣赏北京这个繁华的大都市。

현대의 북경은 이전에 비해 많이 발전했다. 북경의 변화를 보면 아주 기쁘다, 난 항상 자전거를 타면서 북경의 변화한 대도시를 감상한다.

我以前也发生过这样的事。虽然丢的钱不多，但是心情却很不好。

이전에도 이러한 일이 발생했는데, 비록 잃어버린 돈은 많지 않지만 마음은 별로 안 좋다.

> **학습 길잡이**
> 장문독해마당은 지난 과에서 배운 내용을 활용해서 장문을 해석하고 이에 따른 다양한 표현 방법을 익혀보는 실전의 장입니다.

 **青青的日记**(칭칭의 일기)

1. 现代的北京

我是青青,生活在北京二十年了。现代的北京比以前发展多了,看到北京的变化,我非常高兴,我经常一边骑车,一边欣赏北京这个繁华的大都市。

最近,有一个不好的现象越来越多,就是小偷儿。

前几天,我的朋友宝宝的钱包也被偷了。

我以前也发生过这样的事。

虽然丢的钱不多,但是心情却很不好。

在这样美丽的大城市里,没有这样的事该多好啊!

我喜欢发展的现代北京,希望它变得更安全,更文明。

生词 New words

繁华 fánhuá (城镇，街市)繁荣，热闹 번화한, 복잡한
*明洞是首尔繁荣的商业街。 명동은 서울의 번화한 상업거리이다.

大都市 dàdūshì 人口集中，商业发达，通常是周围地区的的政治，经济，文化中心 대도시
*从来没来过这样热闹的大城市。 이런 시끌벅적한 대도시는 본적이 없다.

现象 xiànxiàng 事物在发展，变化中所表现的外部的形态和联系 현상
*看问题不能只看现象，要看本质。 문제를 보려면 현상을 보지 말고 본질을 봐야 한다.

小偷 xiǎotōu 偷东西的人 좀도둑
*你去大城市，就该小心小偷。 대도시에 가면 좀도둑을 조심해야 한다.

丢 diū 遗失，失去 잃어버리다
*昨天我和李丽逛街的时候，李丽丢了钱，真可惜。
 사어제 나와 리리가 아이쇼핑을 갔을 때 리리가 돈을 잃어버렸다. 정말로 아깝다.

心情 xīnqíng 感情状态 심정, 마음
*你这样款待我，心情非常舒畅。
 이렇게 저를 관대하게 대해주시니 마음이 아주 편안해 지네요.

文明 wénmíng 文化，社会发展到较高阶段和具有较高文化的 문명. 문화
*得北京的留学生在不同的文明下生活。
 북경의 유학생들은 다른 문명에서 생활을 한다.

青青的日记(칭칭의 일기)

2. 我的爱好 나의 취미

我是青青，我的爱好就是骑自行车，我不只是上学的时候骑，周末时，我也喜欢和朋友们一起骑自行车去郊游，我的朋友们也都是自行车爱好者，每次和大家一起出去，都觉得非常高兴，好像从忙碌的生活中解脱出来一样，在大自然中，呼吸新鲜的空气，欣赏悦人的景色。

我喜欢骑自行车，因为它不只是能锻炼身体，而且能带给我轻松愉快的感觉。

生词 New words

爱好 àihào	对某种事物具有浓厚的兴趣	취미
忙碌 mánglù	忙着做各种事情	바쁘다
解脱 jiětuō	开脱，摆脱	탈피하다, 일탈하다, 벗어나다
呼吸 hūxī	生物体与外界进行气体气体交换	호흡, 호흡하다
新鲜 xīnxiān	没有变质，也没有经过腌制，干制等	신선한, 깨끗한
景色 jǐngsè	景致	경치, 풍경

쉬어가기 코너

寓言 yùyán

一只公鸡在田野里为自己和母鸡们寻找食物。

他发现了一块宝玉，便对宝玉说："若不是我，而是你的主人找到了你，他会非常珍惜地把你捡起来，但我发现了你却毫无用处。我与其得到世界上一切宝玉，倒不如得到一颗麦子好。"

这是说自己需要的东西才是真正珍贵的。

寻找 xúnzhǎo 찾다 (找)　　宝玉 bǎoyù 보석, 보배 (珍贵的东西)
若 ruò 만약에 (가정문을 동반) (如果)　　珍惜 zhēnxī 귀하게 여기다 (珍重爱惜)
捡 jiǎn 줍다, 거두다 (拾取)　　与其~不如… yǔqí~ bùrú… ~하기보다는 …하는 게 낫다
麦子 màizi 보리 (麦)　　珍贵 zhēnguì 진귀한, 진귀하다 (价值大)

 한국인이 어려워하는 중국어 精選

表达 / 表示 / 表现

- 表达는 감정이나 생각을 표현하는 것을 말합니다. 또한 언어와 문자를 구사하는 능력을 가리키기도 합니다.

    她向我表达了爱情。
    意思表达得十分清楚。
    他心里明白, 就是不能 用语言来表达。

- 表示는

    ① 말이나 행동으로 의사를 표현 하거나 밝히는 것을 말합니다. 목적어는 일반적으로 태도나 의견을 설명하는 말들이 옵니다.

    他表示了自己的态度。
    对老师亲切教导我们都表示了感谢。

    ② 언동, 표정 : 사람의 태도나 의견이 언어나 동작, 표정, 특정한 사물이나 부호를 통해 특정한 뜻을 나타낼 때

    海上红色的灯光表示那儿有浅傩或者礁石。
    老师心里很喜欢他的直爽, 但是脸上并没露出赞许的表示。

- 表现은

    ① 동사로 쓰일 때(내재된 것들, 즉 품격, 재능, 정신, 기개, 특징, 수양 정도, 태도 등을 가리킵니다.) '표현하다. 드러내다'를 의미

    他的优点, 表现在许多方面。
    他的作品表现了朴实 的性格。

    ② 자기 자신을 과시하다, 드러내다

    这个人好表现自己。
    许多人面前很喜欢表现自己是骄傲的。

    ③ 명사로 쓰일 때 표현, 품행, 언동 등을 나타냄

    她的表现一贯很好。
    爱护国旗是一种爱国的表现。

문형연습

1 어순에 맞게 다시 써 보세요.

① 一边 一边 妈妈 看电视 织毛衣

② 被 学生 一个 这本 书 走借 了

③ 我 虽然 但是 在 国外 却 有 朋友 很多

④ 北京 比 发展 以前 多 了

 틀리거나 어색한 부분을 고쳐 보세요.

① 我一边看书，听音乐。

② 被他老师批评了。

③ 虽然他是个富翁，很小气但是。

④ 朋友我叫帮他写作业。

3 빈 칸에 맞는 단어를 골라 써 보세요.

> 보기   一边~一边   叫   让   使   虽然~但是

① 他的事_____我吃惊。
② 爸爸_____看电视_____吃饭。
③ 妈妈_____他快点起床。
④ 他学习那么好,_____我敬佩。
⑤ 我_____不聪明,_____我会努力。

4 주어진 단어나 문형으로 중작 해 보세요.

① 虽然~但是_____
② 一边~一边_____
③ 啊(감탄사로 사용)_____

듣고 쓰는 연습문제

1 녹음을 잘 듣고 질문에 대한 답을 써 보세요.

① 男的在做什么?

② 他为什么不吃饭?

③ 球进了吗?

④ 男的心情怎么样?

2 녹음을 잘 듣고 빈 칸을 채우세요.

女　别看了, 快吃饭吧, 都凉了。

男　_____, 进一个球我就吃。

女　结束了, 这_____该吃饭了吧?

男　不吃了。

女　为什么?

男　一个球都没进。

Memo

● 학습목표
1. 不管~反正~
2. 或者~或者~
3. 或와 还是의 차이(HSK)

07 开工资。

中国没有特别的讲究，不管什么礼物，反正能表达心意就行。
중국은 특별히 중요시 여기는 게 없어요. 어떤 선물이든 마음을 표현하면 되죠.

北京冬天有点冷，或者买保暖内衣，或者买羊毛围巾。
북경의 겨울은 약간 추워요. 보온이 되는 내의를 사거나 양털목도리를 사면 되요.

학습 길잡이

조건관계를 표시하는 복문 '不管~反正…', 선택을 표시하는 '或者~或者…'를 학습하며, HSK출제 빈도가 높은 或와 还是의 차이를 공부합니다.

상황별 회화

宝宝 这是我第一个月的工资，我想给爸爸妈妈买点儿礼物。

娜英 在韩国也有一样的习惯，一般送衬衣。中国呢？

宝宝 中国没有特别的讲究，不管什么礼物，反正能表达心意就行。

娜英 那你想买什么呢？

宝宝 北京冬天有点儿冷，或者买保暖内衣，或者买羊毛围巾。

娜英 还是买保暖内衣吧。我觉得保暖内衣代表贴心，爸爸妈妈会更喜欢吧。

宝宝 嗯，你说的对，你真了解父母的心啊！

娜英 我在韩国时也用第一次打工的钱给父母买过衬衣，他们特别喜欢。

宝宝 是吗？而且听说最近保暖内衣样式很多，好，我听你的，就买保暖内衣吧。

娜英 那我们应该去商店看看啊。

宝宝 你什么时候有时间？

娜英 我今天没什么事，正好也想买几件冬天的衣服，我们现在就去吧。

生词 New words

工资 gōngzī 作为劳动报酬按期付给劳动者的货币或卖物 월급
*老板，我需要钱，请预付工资。 사장님 저 돈이 필요한데 가불 좀 해주세요.

习惯 xíguàn 常常接触某种新的情况而渐渐适应 습관, 관습
*养成不良的习惯，对身心有害。 좋지 않은 습관을 배양하게 되면 심신에 해롭다.

一般 yībān ① 一样, 同样。② 普通, 通常 보통, 일반적으로
*她星期天早上出去, 一般到晚上才回来。
　그녀는 일요일이면 아침에 나가서 보통 저녁이 되어야 돌아온다.

衬衣 chènyī 通常穿在里面的单衣 내의
*看来你得感冒了吧, 冷得发抖, 多穿衬衣。
　보아하니 감기에 걸렸구나, 추워서 떨고 있네. 내의를 든든히 입어.

讲究 jiǎngjiu 讲求, 重视 중요시하다
*A: 他的态度真无礼 。그의 태도는 진짜 무례해.
　B: 不用讲究吧。중요하게 생각하지마.

表达 biǎodá 表示(思想, 感情) 생각, 감정을 표현하다
*这种情况下, 我不知道怎样表达我的意见。
　이런 상황 하에서 내 의견을 어떻게 표시해야 할지 모르겠다.

心意 xīnyì 对人的情意, 意思 마음, 뜻
*请你接受我的礼物。这是我心意。제 선물을 받아주세요, 저의 마음이에요.

围巾 wéijīn 围在脖子上保温, 保护衣领或做装饰的针织品或纺织品 목도리
*哇! 你的围巾好漂亮. 在哪儿买的? 와, 네 목도리 정말 예쁘다. 어디서 샀어?

代表 dàibiǎo 代替个人或集体办事或表达意见, 人或事物表示某种意义或象征某种概念 대표하다
*你不要忘记, 跟那公司商谈, 代表我们公司去的。
　잊지 마세요, 그 회사와의 상담은 우리 회사를 대표해서 가는 겁니다.

贴心 tiēxīn 最亲近, 最知己 가장 친한
*你们认识一下, 这是我贴心的朋友。인사하세요, 여긴 나의 가장 친한 친구예요.

打工 dǎ gōng 做工(多指临时的) 아르바이트, 임시 직장
*你一天八个小时打工挣多少钱? 하루에 8시간 일을 하면 얼마나 버나요?

样式 yàngshì ① 形式 형식,양식 ② 建筑样式 건축 양식

학습중점

1. 或와 还是의 차이

或는 여러 가지의 일이나 사실 중에서 하나를 선택하는 의미를 가지고 있으며,
还是는 ① 동작이 계속 진행됨을 표시하거나 상태가 불변함을 나타냄
② 경과를 비교해서 하나를 선택할 때

- **星期天李代理整天在家看电视或睡觉。**
  일요일에 이대리는 하루 종일 TV를 보거나 잠을 잔다.

* **或多或少** 많거나 적거나

- **学了半年，他汉语还是不太好。**
  반년간 공부를 했는데 그는 중국어를 아직도 잘 못한다.

* **你去大连，坐飞机还是坐船？**
  당신 대련 가는데 비행기 타고 가나요, 아니면 배를 타고 가나요?

2. 正好

(시간이나 위치, 면적, 수량 등이) 꼭 알맞다

- **你来得正好!** 당신 때마침 잘 왔어요!

* **东京的天气不冷不热，去温泉浴正好。**
동경의 날씨는 덥지도 춥지 않아서 온천하기 딱 알맞아요.

 一般

'일반적으로', 보통의 상황을 이야기 할 때 사용

- **一般的情况下，男性先请女性结婚。**
일반적인 상황하에서는 남자가 여자에게 먼저 청혼을 한다.

- **你写的讲稿写得一般。**
당신이 작성한 원고는 평범하다.

4 行

가능하다. **可以**와 비슷한 용도로 사용하나, **可以**는 허가의 뜻을 가지고 있지만 **行**은 상황상 가능한 뜻을 더 많이 내포하고 있습니다.

- **在这里抽烟行吗?**　　　**行。**
여기에서 담배를 피워도 좋습니까?　　좋습니다.

- **这样行了吗?** 이렇게 하면 됩니까?

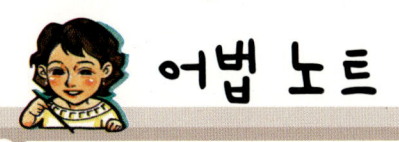

어법 노트

1 不管~, 反正...   ~할지라도, 어쨌든...

조건 관계를 표시하는 복문에 사용되어 어떤 조건에서도 이미 정한 사실이나 상황이 바뀔 수 없음을 강조합니다.
(뒷절에 주어가 올 경우 주어는 反正앞에 놓아도 되고, 反正뒤에 놓아도 됨)

不管路好走还是不好走, 反正今天得赶到那儿。
길이 좋든지 나쁘든지 오늘까지 도착해야 한다.

不管她来得早还是来得晚, 我反正一定等她。
그녀가 늦게 오든지 일찍 오든지, 나는 꼭 그녀를 기다릴 거야.

不管工作上遇到什么难题, 反正大家都决心要干好。
작업상 어떠한 어려운 문제를 만나더라도 모두들 일을 끝내자고 결심하였다.

2 或(者)~, 或(者)... ~하거나 혹은 ...하거나

두 가지 항목 혹은 그 이상의 항목에서 하나를 선택해야 함을 나타냄.
或~, 或…로 바꾸어 쓸 수 있으며 或는 여러 번 올 수 있습니다.

或吃什么, 或喝什么, 我不管。
무엇을 먹든지, 마시든지 나는 상관 안 한다.

她打算明年去旅行, 或者去欧洲, 或者去美国。
그녀는 내년에 유럽 혹은 미국으로 여행을 갈 예정이다.

 ## 보충 회화

1. **责怪** zéguài

   ① A 你怎么现在才来?
        Nǐ zěnme xiànzài cái lái?

      B 对不起, 我看错时间了。
        Duìbuqǐ, wǒ kàncuò shíjiān le.

   ② A 都几点了, 你怎么还不起床?
        Dōu jǐ diǎn le, nǐ zěnme hái bù qǐ chuáng?

      B 真不想起来, 太困了。
        Zhēn bù xiǎng qǐlái, tài kùn le.

2. **看病** kànbìng

   ① 病人 请给我挂个号。
        Qǐng gěi wǒ guà ge hào.

      护士 您挂什么科?
        Nín guà shénme kē?

      病人 感冒应该挂内科吧?
        Gǎnmào yīnggāi guà nèikē ba?

      护士 对, 给您, 内科在二楼。
        Duì, gěi nín, nèikē zài èr lóu.

② 医生　您怎么了？哪儿不舒服？
Nín zěnme le? Nǎr bù shūfu?

病人　我头疼，好像有点发烧。
Wǒ tóu téng, hǎoxiàng yǒudiǎnr fāshāo.

医生　从什么时候开始的？
Cóng shénme shíhòu kāishǐ de?

病人　昨天晚上。
Zuótiān wǎnshang.

医生　咳嗽吗？
Késou ma?

病人　昨天晚上咳嗽得很厉害。
Zuótiān wǎnshang késou de hěn lìhài.

医生　我看看嗓子，张嘴，啊~。
Wǒ kànkan sǎngzǐ, zhāngzuǐ, ā~.

病人　啊~。
ā~.

医生　你感冒了，嗓子也有点发炎。
Nǐ gǎnmào le, sǎngzǐ yě yǒudiǎn fāyán.

今天得先打一针，我再给你开点药。
Jīntiān děi xiān dǎ yì zhēn, wǒ zài gěi nǐ kāi diǎn yào.

一天吃三次，一次吃两片，饭后吃。
Yì tiān chī sān cì, yí cì chī liǎng piàn, fàn hòu chī.

病人　谢谢您。
Xièxie nín.

医生　不客气，多喝水，多休息。
Búkèqi, duō hē shuǐ, duō xiūxi.

 한국인이 어려워하는 중국어 **精選**

合作와 配合

- **合作**는 서로 협력하여 어떤 일이나 임무를 공동으로 완성한다는 뜻입니다.

  ① 동사로 쓰일 때 - 합작하다, 협력하다

  这件工作我们俩合作干吧。

  ② 동사로 쓰일 때

  分工合作。　　　技术合作。
  谢谢你们的合作。

- **配合**는 각 방면에서 역할을 분담하여 합작하는 뜻을 가지고 있습니다.

  ① 동사로 쓰일 때 : 협동하다, 협력하다

  我们大家要好好配合起来干。
  师生要互相配合, 才能很好地完成教学任务。

  ② 형용사로 쓰일 때 : 같이 있으면 잘 어울린다

  他们俩一个唱红脸, 一个昌白脸, 很配合。

[비교] 合作와 配合

技术合作　　　经济合作　　　一起合作　　　分工合作
配合得很紧密　　　A 和 B 很配合

 문형 연습

 그림을 보고 질문에 답해 보세요.

 →  →

① 宝宝和娜英在哪儿? _____
② 宝宝打工做什么? _____
③ 宝宝想给爸爸妈妈买什么礼物?
_____

 다음 질문에 대해 자신의 상황에 맞게 답해 보세요.

① 你上学时打过工吗? _____
② 打工时做过什么工作? _____
③ 你给爸爸妈妈买过什么礼物? _____

3 다음 중 적합한 단어를 찾아 빈칸에 써 넣으세요.

> 보기 不管~,反正…   或者~或者…   还是   或

① 这件事_____让他去办吧。
② 妈妈今天有事, 让我放学后, _____回家_____去奶奶家。
③ _____明天是否下雨, _____我会去接你的。
④ 这个_____那个, 你选一个吧。

1 녹음을 잘 듣고, 다음 질문에 대한 답을 써 보세요.

① 她们在谈什么话题?

_____

② 在中国用第一个月薪水买的礼物和韩国一样吗?

_____

③ 娜英以前打过工吗? 在哪儿工作?

_____

④ 宝宝最近在做什么?

_____

⑤ 发薪水时宝宝让娜英陪她去做什么?

_____

2 다음 중국어 대화문을 들으며 빈 칸을 채워 넣으세요.

娜英　宝宝, 在中国有没有这样的习惯, 用第一个月薪水给父母买礼物?

宝宝　有啊。

娜英　那在中国那天送父母什么礼物呢?

宝宝　这个_____, 不一定, 礼物不在贵, 在于心意。
　　　韩国呢? _____送什么呢?

177

娜英　韩国一般送衬衣。

宝宝　中国也差不多，或者送_____，或者送丝巾，T恤什么的。

娜英　我觉得这样表现孝心的做法非常好。

宝宝　我也这样想，你在韩国打过工吗？

娜英　打过，我在便利店里打过工，第一次收到薪水时给父母买了衬衣。

宝宝　是吗？我也最近在_____，等发薪水的时候，你陪我一起去选礼物好吗？

娜英　好啊。没问题。

● 학습목표
1. 光~就...
2. 宁可~, 也不...
3. 只要~都와 不管~都의 차이 [HSK]

这套保暖内衣我可以看看吗?

光红色的**就**卖了10套了。 붉은 색 만으로도 10벌은 팔았는걸요.

最近大家**宁可**买贵的, **也不**买这种厚的, 不舒服。
요즈음 모두들 비싼걸 살지언정 이런 두꺼운 건 안 삽니다. 편하지 않아서요.

학습 길잡이

'단지 ~'라는 뜻의 '光~就...', 비교 선택을 표시하는 '宁可~,也不...'를 학습합니다.

179

상황별 회화

宝宝: Nǐ hǎo, zhè tào bǎonuǎn nèiyī wǒ kěyǐ kànkan ma?
你好，这套保暖内衣我可以看看吗？

售货员: Dāngrán, zhè shì jīnnián zuì xīn kuǎn. Mǎi de rén tèbié duō,
当然，这是今年最新款。买的人特别多，
jīntiān, guāng hóngsè de jiù mài le shí tào le.
今天，光红色的就卖了10套了。

娜英: Shì ma? Kuǎnshì hěn piàoliang, duōshǎo qián yí tào?
是吗？款式很漂亮，多少钱一套？

售货员: Èr bǎi bā.
二百八。

宝宝: Tài guì le. Yǒu meiyǒu piányi diǎnr de?
太贵了。有没有便宜点儿的？

售货员: Yǒu, zhèzhǒng yī bǎi bā, búguò tèbié hòu, zuìjìn dàjiā
有，这种一百八，不过特别厚，最近大家
nìng kě mǎi guì de, yě bù mǎi zhè zhǒng hòu de, bú shūfu.
宁可买贵的，也不买这种厚的，不舒服。

娜英: Shì yǒudiǎn hòu, nà gāngcái de nà tào néng bù néng piányi diǎn?
是有点厚，那刚才的那套能不能便宜点？

售货员: Kàn nǐmen hǎoxiàng shì xuéshēng, gěi nǐmen dǎ bā zhé ba!
看你们好像是学生，给你们打八折吧！

宝宝: Nà gěi wǒ liǎng tào ba.
那给我两套吧。

售货员: Hǎo de, nǐ yào shénme yánsè de?
好的，你要什么颜色的？

宝宝: Māma zhǐyào shì hóngsè de dōu xǐhuan, jiùyào hóng de ba,
妈妈只要是红色的都喜欢，就要红的吧，
bàba de jiùyào huīsè de ba.
爸爸的就要灰色的吧。

售货员   *Yào duō dà hào de?*
要多大号的？

宝宝   *Yí ge yībǎi liùshí wǔ de, yí gè yībǎi bāshí de.*
一个 165 的，一个 180 的。

生词 New words

最新款 zuì xīn kuǎn 最新的样式，格式 최신의 격식, 디자인
*人人都喜欢穿那种新款式的风衣。사람들마다 그런 디자인의 코트를 좋아한다.

款式 kuǎnshì 样式，格式 디자인
*这个家具的款式很好。이 가구의 디자인이 아주 좋다.

刚才 gāngcái 指刚过去不久的时间 방금, 금방
*这是刚才的事儿，你怎么这么快忘记了？
이건 방금 전의 일이야, 어떻게 그렇게 빨리 잊어 버렸나?

打折 dǎzhé 降低商品的定价(=打扣) 할인하다
*现在现代百货大楼进行打七折行事，咱么快点儿去买东西吧。
지금 현대 백화점에서 70%세일을 하고 있어, 우리 빨리 가서 사자.

颜色 yánsè 由物体发射，反射或透过的光波通过视觉所产生的印象 색깔, 칼라
*颜色很好，在哪儿买的？색깔이 아주 좋네요, 어디에서 샀어요?

舒服 shūfu 身体或精神上感到轻松愉快 편안하다
*睡得好了，很舒服。잘 잤다, 아주 편안하네.

灰色 Huīsè 像木柴灰的颜色 회색, 퇴폐적인, 우울한
*他有灰色的心情。그는 우울한 마음을 가지고 있다.

试一试 shì yi shì 试验，尝试一下 입어보다
*买衬衣之前可以试一试吗？내의를 사기전에 입어볼 수 있나요?

慷慨 kāngkǎi 充满正气，情绪激昂 (의기,정서가) 격앙되다. 후하게 대하다
*总是表现出慷慨的精神，这就是我人生的目标。
늘 격앙된 정신을 표현하는 것은 내 인생의 목표다.

囊 náng 口袋 주머니
*那个皮囊里有什么？그 가죽 주머니엔 무엇이 있습니까?

학습중점

1 只要~都... ～하기만 한다면 (모두) ～하다

어떤 범위 내에서 목적을 달성하거나, 어떤 희망을 실현함을 나타냅니다. 때로는 어떤 범위 내에서 어떤 결과를 만들어 낼 수 있음을 나타내기도 합니다.

- **只要有一点同情心，都会慷慨解囊去帮助失学儿童。**
  조금의 동정심이 있기만 하다면, 모두 아낌없이 주머니를 털어 배움의 기회를 잃은 아이들을 도울 것이다.

* **只要是认识的人，他都记得他们的名字。**
  아는 사람이기만 하면 그는 그들의 이름을 모두 기억한다.

2 不管~都... ～에 관계없이 모두 ...하다

조건문에 사용되며 동작의 발생이나 존재가 모두 조건의 영향을 받음을 나타냄. (不管~也...) 조건이 여러 가지라면 **不管**을 계속 사용하기도 함.

- **不管是谁，都得遵守公共场所的规定。**
  누구든지 공공장소에서는 규정을 준수해야 한다.

- **不管在什么时候，不管是对什么人，她们的服务都非常热情。**
  언제든지, 어떤 사람에게든지 그녀들의 근무태도는 아주 열정적이다.

1 光~就...   단지 ~만으로도 ~하다

여기서 부사 光은 '단지'라는 뜻으로 '只, 尽'과 같은 의미입니다. 이 형식은 단문과 복문에 모두 쓰일 수 있으며, 구어에서 많이 사용됩니다.

每天光应付日常工作，就能他忙的。
매일 일상 업무를 처리하는 것만으로, 그는 충분히 바쁘다.

光我们两个人就可以搬完这些东西。
우리 둘만으로도 이 물건들을 다 옮길 수 있다.

光这些粮食，就能够他吃一个月的。
단지 이 양식만으로도 그가 한달 먹기에는 충분하다.

2 宁可~也不... 차라리 ~할지언정, ~하지 않다

사물 혹은 상황에 대해 득실과 손익관계를 비교한 후, 그 중 하나를 선택함을 표시하는 문형입니다. 宁可 뒤의 내용이 선택한 것이며 也不 뒤의 내용은 버리는 것입니다.

他宁可走路, 也不去坐公共汽车。
그는 길을 걷는 한이 있어도, 붐비는 버스는 타지 않는다.

他宁可自己辛苦一点, 也不愿意去麻烦别人。
그는 차라리 자기가 고생을 조금 할지언정, 다른 사람에게 폐를 끼치려 하지 않는다.

我们宁可早到几分钟, 也不要让大家等我们。
우리는 몇 분 일찍 도착 할지언정 모두가 우리를 기다리게 하지는 말자.

보충 회화

1. 讨价还价 tǎojià huánjià

A 这件衣服多少钱?
Zhè jiàn yīfu duōshǎo qián?

B 这件红的吗?三百二。
Zhè jiàn hóng de ma? Sān bǎi èr.

A 怎么这么贵!
Zěnme zhème guì!

便宜点儿怎么样?
Piányi diǎnr zěnmeyàng?

B 你给多少钱?
Nǐ gěi duōshǎo qián?

A 二百八。
Èr bǎi bā.

B 二百八不行,三百。
Èr bǎi bā bùxíng, sān bǎi.

A 就二百八。
Jiù èr bǎi bā.

不卖我就不要了。
Bú mài wǒ jiù bú yào le.

B 好吧。
Hǎo ba.

2. 商量 shāngliang / 请求 qǐngqiú

A 我可以看看这件衣服吗?
Wǒ kěyǐ kànkan zhè jiàn yīfu ma?

B 当然可以。
Dāngrán kěyǐ.

A 可以试一试吗?
Kěyǐ shì yi shì ma?

B 可以。
Kěyǐ.

A 能给我找件新的吗?
Néng gěi wǒ zhǎo jiàn xīn de ma?

B 好的。
Hǎo de.

 한국인이 어려워하는 중국어 精選

使用 / 利用/ 运用

- 使用은 "用"과 혼용하는데, 사람, 도구, 자금을 사용해서 어떤 목적을 이루는 것을 나타내는 동사입니다.

  为了促进公司的发展，必须得合理使用资金。
  在中国，人们常常使用汉币和美元。
  我的手机坏了，现在不能使用。
  学习汉语，一定要学会使用辞典。

- 利用는

  ① 활용하다. 이용하다

  把这些人好好利用起来，她们都是很有才干的。
  充分利用最新科学技术。

  ② '어떤 목적을 달성하기 위해 수단 또는 방법을 사용하여 사람이나 물건을 이용한다'는 의미로 부정적 어감을 갖습니다.

  他被那个人利用了。
  千万不可利用老朋友的关系。

- 运用은 어떤 사물의 특성에 근거하여 이용하는 것으로 주로 어떤 기술이나 방법을 활용한다는 의미가 강합니다.

  我们要积极运用科技成果。
  他计算机运用得很自由。

  * 상용되는 어구 : 灵活运用的知识　융통성있게 운용되는 지식
  　　　　　　　　 运用自如　자유자재로 운용한다

  [용례]
  　(○) 利用废旧物　　使用智慧　　运用技术
  　(×) 利用科学　　　使用科学　　运用知识

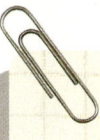

문형 연습

1 그림을 보고 질문에 답해 보세요.

① 宝宝和娜英在哪?
② 她们在看什么?
③ 薄的保暖内衣比厚的贵多少?

2 다음 질문에 대해 자신의 상황에 맞게 답해 보세요.

① 你买东西时经常讨价还价吗? _____
② 你们国家的售货员态度热情吗? _____
③ 只要是休息, 你就去玩吗? _____

3 다음 중 적합한 단어를 찾아 빈칸에 써 넣으세요.

| 보기 | 不管~都　　只要~就　　宁可~也不　　光~就 |

① 妈妈说_____我这次通过考试,
   她_____给我买自行车。
② 他总是_____自己吃亏,_____让别人受苦。
③ _____你怎么说, 我_____要去。
④ 他说,_____冰淇淋, 他_____吃了5个。

 듣고 쓰는 연습문제

1 녹음을 잘 듣고, 질문에 대한 답을 써 보세요.

① 男的几点回来的?

② 男的为什么晚回来晚?

③ 他今天带雨伞去上班了吗?

④ 女的做了几个男的爱吃的菜?

2 다음 중국어 대화문을 들으며 빈 칸을 채워 넣으세요.

A: 你好，我昨天在这买的衣服_____大，能换个小号的吗?

B: 当然，_____没损坏，_____是可以换的。

A: 谢谢您。

B: _____把收据给我吗?

A: 在这儿，给您。

장문독해마당

● 학습목표
1. 或者~，或者... / 不管~，反正...
2. 光~，就... / 宁可~，也不...의 확인 학습

09 阅读练习

我也想或者买保暖内衣，或者买围巾。
난 보온 내의를 사거나 목도리를 사려고 한다.

不管送什么，反正心意最重要。
어떤 것을 드리느냐에 관계없이 마음이 중요하다.

光超薄的就有五、六种。
돈을 많이 쓸지언정 두꺼운 것은 사지 않겠다.

我决定宁可多花钱，也不买厚的。
돈을 많이 쓸지언정 두꺼운 것은 사지 않겠다.

학습 길잡이

장문독해마당은 지난 과에서 배운 내용을 활용해서 장문을 해석하고 이에 따른 다양한 표현 방법을 익혀보는 실전의 장입니다.

宝宝的日记(바오바오의 일기)

上个月我在咖啡店打工，赚了些钱。

这是我第一次打工，我很想用这些钱给父母买点儿

礼物，娜英说在韩国一般父母保暖内衣衬衣，

而且也说了，不管送什么，心意最重要。

我们那天下午就一起去了商店。

保暖内衣的样式特别多，超薄的就有五、六种，

虽然超薄的很贵，但想到爸爸妈妈穿厚的会不舒服，

所以我宁可多花钱，也不买厚的，只要他们高兴，

花多少钱都没关系。

于是，买了一套红的，一套灰的。

昨天，把礼物给他们时，他们感动得哭了，

说我长大了，虽然我赚的钱几乎都用光了，
但我特别地高兴。

生词 New words

赚 zhuàn 获得利润 (돈을) 벌다
*在中国做力工一天赚多少钱？ 중국에서 노동을 하면 하루에 얼마를 버나요?

超薄 chāobáo 扁平物上下面之间的距离很小 아주 얇은
*张小姐买的手机是最新的，颜色，款式都很好，再加上是超薄的。
미스 장이 산 핸드폰은 최신폰인데, 색깔이나 디자인이 모두 좋은데다가 초박형이다.

用光 yòngguāng 都使用，用掉全都没有了 다 써버리다
*去爱宝乐园过很愉快的时间，但是把我的钱都用光了。
에버랜드에 가서 아주 즐거운 시간을 보냈다. 그런데 돈을 다 써버렸다.

宝宝的日记 (바오바오의 일기)

＊中国与韩国的风俗差异 중국과 한국의 풍속 차이

有一天，我和娜英一起谈中秋节的风俗习惯，

发现中国与韩国有很多差异。娜英说，在韩国，

中秋节是个很大的节日，一般放三天假，

在外地的子女都会回到父母身边，

而在中国，中秋节时只放一天假，或者半天假，

吃的东西也不一样，那天，吃月饼，梨和葡萄，

有一点一样的，就是中国人在那天也要团聚。

生词 New words

风俗 fēngsú 社会上长期形成的风尚, 礼节, 习惯等的总和 풍속, 풍습
*北京保留了不少满足人的风俗习惯。
　북경은 적지 않은 만주족의 풍습과 습관이 남아있다.

差异 chāyì 差别, 不相同 차이
*南北之间有很多差异。 남북간에 많은 차이

中秋节 Zhōngqiūjié 传统节日 중추절, 추석
*在韩国中秋节干什么？ 한국에서는 추석 때 무엇을 합니까?

节日 jiérì 纪念日, 传统的庆祝或祭祀的日子 절기, 기일
*清明节, 中秋节, 春节 청명절, 중추절, 춘절(구정)

放假 fàngjià 在规定的日起停止工作或学习 방학, 휴가
*今年放假期间我一家人去旅行了。 올해 휴가 때 가족모두 여행을 갈 거야.

身边 shēnbiān 身体的近旁 신변, 주변
*患者身边需要有人照顾。 병자 옆에는 돌봐주는 사람이 있어야 한다.

粘糕 niángāo 用米粉, 面粉等制成的食物 떡
*从来没吃过这种粘糕。谁造的呢？ 이런 떡은 먹어보질 못했어. 누가 만든 거야?

饼 bǐng 泛称烤熟或蒸熟的面食, 形状大多扁儿圆 떡, 빵
*吃饼喝酒 떡을 먹고 술을 마시다

月饼 yuèbǐng 圆形有馅的点心 월병 (중국에서 추석 때 먹는 과자)

团聚 tuánjù 相聚心 함께 모이다

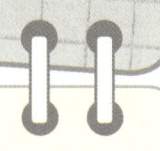

쉬어가기 코너

塞翁失马
_{sāiwēngshīmǎ}

战国时期有一位老人，名叫塞翁。他养了许多马，一天有一匹走失了。邻居们听到这事，都来安慰他。塞翁见有人劝慰，笑笑说："丢了一匹马损失不大，没准还会带来福气。"过了没几天，丢的马不仅自动回家，还带回一匹骏马。邻居听说马自己回来了，非常佩服塞翁的预见，向塞翁道贺。塞翁听了邻人的祝贺，反到忧虑地说："白白得了一匹好马，不一定是什么福气，也许惹出什么麻烦来。"塞翁有个独生子，非常喜欢骑马。他发现带回来的那匹马是匹好马，

měitiān dōu qí mǎ chū yóu, xīn zhōng yángyáng déyì.
每天都骑马出游，心中洋洋得意。

Yì tiān, tā tūrán cóng mǎbèi shàng diēxialai, shuāiduàn le tuǐ.
一天，他突然从马背上跌下来，摔断了腿。

Línjū tīngshuō, fēnfēn lái wèiwèn.
邻居听说，纷纷来慰问。

Sāiwēng shuō: "Méi shénme, tuǐ shuāiduàn le què bǎozhù xìngmìng,
塞翁说："没什么，腿摔断了却保住性命，

huòxǔ shì fúqi ne." Línjūmen háishì juéde bù jiě.
或许是福气呢。"邻居们还是觉得不解。

Bù jiǔ, fāshēng le zhànzhēng, cūnlǐ de qīngniánrén dōu bèi lā qù dāng bīng,
不久，发生了战争，村里的青年人都被拉去当兵，

Sāiwēng de érzi yīnwèi shuāiduàn le tuǐ, bùnéng qù dāngbīng.
塞翁的儿子因为摔断了腿，不能去当兵。

Qù dāngbīng de qīngnián dōu sǐ le, zhǐyǒu Sāiwēng de érzi huóle xiàlai.
去当兵的青年都死了，只有塞翁的儿子活了下来。

 한국인이 어려워하는 중국어 精選

保持 / 维持

- 保持, 维持는 모두 원래 있던 상태의 지속, 혹은 변화가 발생하지 않음을 나타냅니다.

保持 : 건강, 상태, 일정한 수준, 관계, 습관, 우정, 태도 등의 지속을 나타내며, 즉 원래 가지고 있던 상태를 지속 시키는 의미

我一直与她保持着联系。
他这种习惯一直保持了很久。
请保持安静。

[保持]

保持安静　　　　保持健康
保持水平　　　　保持警惕
保持朋友关系　　保持世界和平
保持良好的习惯

维持 : 생명, 생활, 질서, 관계, 국면 등 현재 있는 것들을 변화되지 않도록 지속해 나가는 의미

这些钱可以维持她读完大学。
这种局面很难维持下去。
这种状况维持的时间 不会很长。

[维持]

维持生命　　维持生活　　维持秩序
维持关系　　维持局面

문형 연습

 어순에 맞게 다시 써 보세요.

① 送　什么　不管　心意　反正　重要　最
_____

② 她　只要　喜欢　我　高兴　就
_____

③ 下课　后　他　或者　或者　去　图书馆　回家
_____

④ 丽丽　也不　学习　英语　宁可　学习　汉语
_____

 틀리거나 어색한 부분을 고쳐 보세요.

① 我宁可回家也去朋友家。
_____

② 你或者唱歌,跳舞,什么都行。
_____

③ 给你的书就有十本。
_____

④ 只要你说一句话,就我们照你说的做。
_____

3 빈 칸에 맞는 단어나 문형을 골라 써 보세요.

> 보기: 宁可~也不   光~就   只要~都   或者~或者

① 他同意, 我们_____没问题 。
② 他_____被雨淋, _____打雨伞。
③ _____学生, 那天_____有200人。
④ 你_____选择留下_____选择离开。

4 다음의 문장들을 해석해 보세요.

① 不管送什么, 反正心意最重要。
_____

② 只要她高兴, 花多少钱都没关系。
_____

③ 我想或者买保暖内衣, 或者买围巾。
_____

듣고 쓰는 연습문제

1 녹음을 잘 듣고 질문에 대한 답을 써 보세요.

① 他想买什么?

___

② 他穿多大号的?

___

③ 两件牌子一样吗?

___

④ 价钱是多少?

___

2 녹음을 잘 듣고 빈 칸을 채우세요.

A 娜英, 再过几天就是_____了, 你_____回国吗?

B 不一定, 我_____回国, _____去南方朋友家。

A 你不想家吗?

B 当然想, 不过因为过节, 机票涨价了, _____单程的_____要几千块呢。

Memo

정답 및 번역

정답

▶ 第一课

문형연습

1. ① 宝宝想和青青一起去爬山。
   ② 她没有空。

2. ① 有空。
   ② 好啊, 去哪儿吃
   ③ 去博物馆吧。

3. ③ (①, ②, ④: 어떤가? 어떻게 된 것인가? ③: 어떻게 해도)

듣고 쓰는 연습문제

1. 녹음원문
   宝宝: 宋小姐, 这个星期天, 你有空吗儿?
   青青: 还不确定。有什么事吗。
   宝宝: 我想骑自行车去郊游。一起去怎么样?
   青青: 郊游? 我没有自行车, 怎么办呢? 你知道吗?
   宝宝: 别担心。我有两辆自行车, 可以借给你一辆。
   青青: 骑自行车到那儿去?
   宝宝: 到春川去, 从首尔向北边走需要两个小时。
   青青: 哎呀! 那天下午我有事, 真对不起。
   답 到, 向, 真对不起。

2. 녹음원문
   宝宝: 别担心。我有两辆自行车, 可以借给你一辆。
   青青: 骑自行车到那儿去?
   宝宝: 到春川去, 从首尔向北边走需要两个小时。
   青青: 那天下午我有事, 真对不起。
   답 书店, 一起, 从, 到, 前边

▶ 第二课

문형연습

1. ① 不会。
   ② 喜欢。
   ③ 家乐福后面的公寓
   ④ 宝宝

2. ① 会。
   ② 大概一百米。
   ③ 好的, 以后再去吧。
   ④ 行。

3. ① 이 길은 학교로 통하는 길입니다.
   ② 시간이 있으시면 저화 함께 극장에 가서 영화보는 거 어때요?
   ③ 저기서는 담배를 피울 수 있으나 여기서는 안됩니다.
   ④ 당신들이 오면 아저씨께서 틀림없이 아주 잘 접대해 주실 겁니다.

4. ① 你游泳游得好吗? 我是个旱鸭子。
   ② 往麦当劳一直走, 有一个公寓, 那儿就是我家。
   ③ 银行离王老师的家不远。
   ④ 这儿不可以抽烟。

듣고 쓰는 연습문제

1. 녹음원문
   宝宝: 下个星期天我们去游泳, 怎么样?
   青青: 太好了, 我们去哪儿游?
   宝宝: 东大门游泳池。
   青青: 那里的设备不太好。有没有别的?
   宝宝: 有是有。但是。
   青青: 但是什么? 说吧。
   宝宝: 门票很贵。
   답 ① 喜欢。
   ② 门票很贵。
   ③ 因为那里的设备不太好。

2. 녹음원문
   宝宝: 你能游多少米?
   青青: 现在大概能游30米。你呢?
   宝宝: 嗯, 其实我是个旱鸭子。但我觉得学游泳可以锻炼身体。
   青青: 听说我们公司的朴代理游泳游得很好。我想请他交我们, 但是不好意思说。你和我和他说怎么样?
   宝宝: 没问题。可是, 怎么找他呢?

青青：他家离这儿不远，往家乐福的后边走，
　　　是一个大花园。
　　　那旁边的公寓就是他家。
宝宝：好，那我们现在就去吧。
🔑 能，呢，听说，和，离，往

▶ 제三课

문형연습

1. ① 宝宝约我一起去郊游。
   ② 我家从超市向右走5分钟就到了。
   ③ 他聪明是聪明就是不学习。
   ④ 我替妈妈打扫房间了。
   ⑤ 再往前走就是大海了。

2. ① 从首尔向北走要两个小时。
   ② 我和宝宝在游泳馆遇见了。
   ③ 他学习好是好，就是不爱学习。
   ④ 我替妈妈爸爸做饭了。

3. ① 是　　　　② 往
   ③ 怎么样　　④ 替
   ⑤ 从，向

4. ①
   ②
   ③
   ④

듣고 쓰는 연습문제

1. 녹음원문
   老板：李小姐，请把这份文件打一份给我。
   秘书：好的。您急着要吗？
   老板：一个小时以后有一个会议，那时我要用。
   秘书：好的，我马上打，半个小时应该够了。
   老板：谢谢，还有通知王经理到我办公室来一下。
   秘书：好的，我这就打电话。
   🔑 ① 公司
   ② 一个小时以后有会议。
   ③ 半个小时。
   ④ 通知王经理到他办公室去一下。

2. 녹음원문
   ① 李小姐，请把这份文件打一份给我。
   ② 好的。您 急着要吗？

③ 好的，我 马上 打，半个小时应该够了。
④ 通知王经理到我办公室来一下
🔑 ① 把，打　　　② 急着
　　③ 马上，应该　④ 通知，来一下

▶ 제四课

문형연습

1. ① 她不想告诉老师。
   ② 她想先告诉老师。
   ③ 是。

2. ① 김과장, 식사시간 이예요. 뭘 드시겠어요?
   ② 그들은 중국어를 공부하기 위해서 중국으로 온 사람들 입니다.
   ③ 학생들은 반드시 공부를 열심히 해야 합니다.

듣고 쓰는 연습문제

1. 녹음원문
   宝宝：我们应该告诉妈妈吧?
   青青：应该。
   宝宝：我们怎么说才好呢?
   青青：我们应该说声"对不起"。
   宝宝：好的, 我们要勇敢承认错误。
   🔑 ① 应该告诉妈妈。
   ② 向妈妈
   ③ 应该说对不起。

2. 녹음원문
   宝宝：这件事应该告诉科长才好的。
   青青：我们应该什么时候告诉他?
   宝宝：开始工作前说吧。
   青青：离工作开始有十分钟，为我们的公司
   　　　工作这样做吧。
   🔑 应该，对他，离，为

▶ 제五课

문형연습

1. ① 他们在跑步。
   ② 为了减肥。
   ③ 在公园。

2. ① 没有/不一定/经常运动
   ② 棒球
   ③ 多听, 多说话
   ④ 多听, 多聊天

3. ① 为了   ② 打算   ③ 连   ④ 得

듣고 쓰는 연습문제

1. 녹음원문
   小王: 早啊, 小李, 这么早出来跑步啊?
   小李: 听说跑步对减肥很有效果, 我打算天天坚持。
   小王: 是吗? 我也要为了健康多做运动。
   小李: 太好了, 一个人运动有点无聊, 我们以后一起跑步怎么样?
   小王: 好主意, 那我们明天也这个时间见吧。
   답 ① 为了减肥
       ② 跑步
       ③ 明天早上

2. 녹음원문
   小李: 听说跑步对减肥很有效果, 所以, 我打算天天跑步。
   小王: 减肥说起来容易, 做起来难, 重要的是必须得坚持。
   小李: 一个人运动很无聊, 我怕坚持不了。我们一起运动 怎么样?
   小王: 好啊, 我也这么想。我们一起努力吧。
   답 对, 打算, 必须得, 怎么样

▶ **第六课**

문형연습

1. ① 我得感冒, 医生说得好好儿休息。
   ② 对我来说, 连休息时间都没有。
   ③ 我为了健康得减少工作量了。
   ④ 离开学还有一个月了。

2. ① 对我这个上班族来说, 工作很辛苦。
   ② 离休假还有一个星期, 我打算那时去旅游。
   ③ 这个周末, 我打算去公园。
   ④ 他应该好好休息。

3. ① 打算   ② 连   ③ 得   ④ 离   ⑤ 应该

4. ①

②
③
④

듣고 쓰는 연습문제

1. 녹음원문
   大夫: 你怎么了?
   病人: 我头疼, 嗓子疼。
   大夫: 发烧吗? 我们一起运动 怎么样?
   病人: 好像有点。
   大夫: 我给你量一下体温。哎哟, 38度, 烧得很重啊。张开嘴, 我看一下嗓子, 啊…
   病人: 啊…
   大夫: 是感冒, 而且嗓子发炎了, 我给你开点药。一天三次, 一次两片儿, 还要多喝水。
   病人: 谢谢您。
   답 ① 医院
       ② 头疼, 桑子疼
       ③ 有, 38度
       ④ 一天三次, 一次两片

2. 녹음원문
   ① 我给你量一下体温。
   ② 张开嘴, 我看一下嗓子。
   ③ 是感冒, 而且嗓子发炎了, 我给你开点药。
   답 ① 量   ② 张   ③ 感冒, 发炎

▶ **第七课**

문형연습

1. ① 在故宫照的。
   ② 和家人一起照的。
   ③ 她很想去故宫。

2. ① 是王老师。
   ② 有的地方很热闹, 感觉很好。
   ③ 你说汉语说得真好啊!
   ④ 在中国生活不久嘛, 你一个人别出去。

3. ① 真, 啊   ② 由   ③ 给   ④ 别

듣고 쓰는 연습문제

1. 녹음원문

娜英：哇! 这就是故宫啊! 真大啊!
青青：嗯，我给你照张照片吧。
娜英：好，谢谢。青青，这写的是什么意思?
青青："禁止入内"就是不可以进去的意思。
娜英：啊~我经常看到，不过不知道什么意思。谢谢你。
🔑 ① 她们在故宫。
　② 就是不可以进去的意思。
　③ 不知道。

2. 녹음원문
娜英：北京真的很大啊，来中国以后，一直想到处看看，可是，汉语说得不好，怕一个人会迷路。
青青：别担心，我帮你，我给你当导游怎么样?
娜英：真的吗? 由你这个地道的北京人当导游，我就可以放心了。谢谢。
青青：不客气。
🔑 大啊, 给, 由, 当

▶ 제八课

문형연습

1. ① 不是, 已经来过三次了。
　② 还没去过
　③ 让他把照相机带着

2. ① 我去过一次。
　② 我学了两年了。
　③ 需要把照相机带着。

3. ① 把　② 一会儿　③ 一次

듣고 쓰는 연습문제

1. 녹음원문
东东：山本, 你吃过北京烤鸭吗?
山本：没吃过, 不过听说北京烤鸭非常好吃, 是北京的特色。
东东：是啊, 明天是周末, 我们一起去尝尝怎么样?
山本：太好了, 把娜英叫上吧, 她也一定想去。
东东：好的。
🔑 ① 没吃过。
　② 是北京的特色。
　③ 娜英。

2. 녹음원문
东东：你是第一次来北京吗?
山本：不是, 我已经来过三次。
东东：是吗? 那你去过长城吧?
山本：还没去过。前两次来工作, 只呆了几天, 这次公司让我来学习一年汉语, 我很想休息的时间去看看。
东东：明天是周末, 把娜英也叫上, 我们一起去怎么样?
🔑 三次, 几天, 一年, 把

▶ 제九课

문형연습

1. ① 我来过北京已经三次了。
　② 这次我准备在北京学习一年。
　③ 我朋友娜英也有这样的想法。
　④ 东东给我答应当导游。

2. ① 青青给娜英当导游。
　② 休息的时间我很想到处看看。
　③ 我把照相机带着去旅游。
　④ 今天的晚会由我主持。

3. ① 把　② 由　③ 给

4. ①
　②
　③

듣고 쓰는 연습문제

1. 녹음원문
A：请问, 这是货运公司吗?
B：是的, 您找哪位?
A：你好, 我找一下王经理。
B：对不起, 王经理昨天出差去上海了。您是哪位?
A：我是报社的张记者, 想请他接受个采访。他大概什么时候能回来?
B：对下周三才能回来呢, 您留下您的电话吧, 王经理回来的话, 我让他和您联系。
A：没关系, 那我下周三再打电话吧。
🔑 ① 昨天
　② 想请他接受个采访。
　③ 下周三。

205

④ 没有。
2. 녹음원문
① 对不起,王经理 昨天 出差去上海了。您是哪位?
② 他大概什么时候能回来?
③ 您留下您的电话吧,王经理回来的话,我让他和您联系。
🗒 ① 昨天　② 大概　③ 留下,的话,让

▶第一课
문형연습
1. ① 青青感冒了。
   ② 妈妈让青青去医院,爸爸让他在家休息。
   ③ 他们很快就和好,一起看电视了。

2. ① 身体很不舒服,感觉不好。
   ② 我老师经常让我做作业。
   ③ 我唱得不太好。
   ④ 我看不懂中国电影。

3. ① 清楚　② 叫　③ 干净　④ 让

듣고 쓰는 연습문제
1. 녹음원문
   青青:昨天感冒了,真是难受死了。
   宝宝:我也是,最近感冒好像很严重,我难受得饭也吃不下。
   青青:我们一会儿一起去医院看看怎么样?
   宝宝:好的,不过经理让我把这份材料做完,等我一会儿。
   🗒 ① 他们都感冒了。
      ② 她们要去医院。
      ③ 因为经理让她把材料做完。

2. 녹음원문
   宝宝:你昨天怎么没来上班?
   青青:别提了,昨天感冒,难受 死 了,连饭也吃不下。
   宝宝:是吗?那么重?去医院了吗?
   青青:没去,妈妈 让 我去医院,爸爸却 叫

我在家休息,他说感冒不是病,在家休息一下就行。
🗒 别提了,死,不下,让,叫

▶第二课
문형연습
1. ① 还没做完。
   ② 他不知道怎么用"使"造句。
   ③ 让他明天交

2. ① 他的话使我感动了。
   ② 来晚了。因为我的作业太多。
   ③ 还没有。
   ④ 我们请你晚会,怎么样?

3. ① 使　② 过来　③ 请　④ 干净

듣고 쓰는 연습문제
1. 녹음원문
   老师:山本,你的作业做完了吗?
   山本:我有一个字不会写,请您帮我写一下,好吗?
   老师:好的。这个字应该这样写。
   山本:谢谢您,我一会儿把作业交上去。
   老师:嗯,还有问题的话,来我办公室问我。
   🗒 ① 还没有。
      ② 他有一个字不会写。
      ③ 老师的办公室。

2. 녹음원문
   老师:山本,你的作业都做完了吗?
   山本:还没做完。"使"字句不太懂,请您举个例子好吗?
   老师:好的,比如说:外面太吵闹,使我不能睡觉。
   山本:啊,是因为太吵闹,我没有办法睡觉的意思吧。
   老师:对。那写完后,把作业交上来吧。
   🗒 完,请,使,上来

▶第三课
문형연습

1. ① 感冒时会发烧还会头疼。
   ② 嗓子特别疼时可能吃不下饭。
   ③ 冬天要穿得保暖。
   ④ 作业太多使我不能玩儿。

2. ① 老师让他明天交作业。
   ② 感冒有时让人吃不下饭。
   ③ 房间太热了,应该开开空调。
   ④ 我们今天回家吧。

3. ① 使　② 上去　③ 让　④ 太多

4. ① 请给我一杯水
   ② 爸爸叫我出去买东西
   ③ 为了预防得感冒,把身体保持得干净吧。

듣고 쓰는 연습문제

1. 녹음원문
   A：昨天你怎么没来上班?
   B：昨天我拉肚子拉了一天。
   A：是吗? 去医院了吗?
   B：去了, 医生说是食物中毒, 让我最近只吃一些粥啊什么的。还给我打了一针。
   A：最近天气很热, 吃东西一定要小心啊!
   B：唉哟, 肚子又疼得厉害, 不和你说了。
   ① B昨天为什么没来上班? 他拉肚子拉了一天。
   ② B得的是什么病? 食物中毒。
   ③ 医生让B最近吃什么? 让他只吃一些粥啊什么的。
   ④ B今天完全好了吗? 还没完全好。

2. 녹음원문
   A：你为什么来中国学习汉语?
   B：妈妈让我学好汉语, 以后当个翻译。
   A：难怪你学习那么认真, 才来不到半年, 就说得这么好 了。
   B：哪里哪里, 别这么夸我。
   让, 好, 那么, 那么, 别

▶ 第四课

문형연습

1. ① 在公共汽车上。
   ② 她的钱包被偷了。
   ③ 身份证, 银行卡。

2. ① 没有。
   ② 钱包里有身份证的话, 先去市政府再重新办理就行。
   ③ 高一点儿。

3. ① 了　② 被　③ 啊, 吧

듣고 쓰는 연습문제

1. 녹음원문
   青青：我想办理银行卡挂失。
   银行职员：请填一下这张表吧。
   青青：好的, 给您。
   银行职员：请把您的身份证给我一下。
   青青：对不起, 我的身份证也一起丢了。
   银行职员：那说一下您的身份证号码吧。
   ① 在银行。
   ② 她想办理银行卡挂失。
   ③ 向她要身份证。

2. 녹음원문
   宝宝：我的钱包被偷了, 身份证, 银行卡都在里面呢!
   青青：别急, 我们先报警吧! 身份证嘛, 再重新办理就行, 不过银行卡得马上办理挂失。里面钱多吗?
   宝宝：今天比 平时带得少, 只有几百块罢了。不过, 钱包是妈妈送我的礼物, 是我最喜欢的。
   被偷了, 呢, 吧, 嘛, 比, 罢了

▶ 第五课

문형연습

1. ① 她们在谈自行车。
   ② 红色。
   ③ 她每天骑自行车上学。

2. ① 会。
   ② 坐车上学。
   ③ 蓝色的自行车。

3. ① 一边, 一边
   ② 得
   ③ 虽然, 但是
   ④ 地, 的

207

듣고 쓰는 연습문제

1. 녹음원문
   A：听说北京人骑自行车的特别多？
   B：是啊，北京城市大，道路平，骑车很方便。
   A：那坐公交车的人多吗？
   B：多是多，可是有时比骑车还慢。
   A：为什么？
   B：因为要等车，有时要等很长时间，坐上了车也要总等信号灯。
   A：啊~怪不得北京骑车的人那么多。
   B：对，特别是上班族，自行车对他们来说，是最方便的交通工具。
   A：那，你也一定会骑吧？
   B：当然，我是北京人啊。
   ① 北京骑自行车的特别多。
   ② 公交车要等，有时要等很长时间，坐上了车也要总等信号灯。
   ③ 有时比骑车还慢。
   ④ 上班族。
   ⑤ 会。

2. 녹음원문
   A：听说北京人骑自行车的特别多？
   B：是啊，北京城市大，道路平，骑车很方便。
   A：那坐公交车的人多吗？
   B：多是多，可是有时比汽车还慢。
   A：为什么？
   B：因为要等车，有时要等很长时间，坐上了车也要总等信号灯。
   A：啊~怪不得北京骑车的人那么多。
   B：对，特别是上班族，自行车对他们来说，是最方便的交通工具。
   A：那，你也一定会骑车吧？
   B：当然，我是北京人啊。
   听说，比，等，骑

▶ **第六课**

문형연습

1. ① 妈妈一边看电视一边织毛衣。
   ② 这本书被一个学生借走了。
   ③ 我虽然在国外但是却有很多朋友。
   ④ 北京比以前发展多了。

2. ① 我一边看书，一边听音乐。
   ② 他被老师批评了。
   ③ 虽然他是个富翁，但是很小气。
   ④ 朋友叫我帮他写作业。

3. ① 让   ② 一边 一边
   ③ 叫   ④ 使
   ⑤ 虽然 但是

4. ① 虽然你是学生，但是能挣点儿钱。
   ② 你开车的时候不用一边开车一边看街上的小姐。
   ③ 这可惜啊！你丢了钱，不可能请我吃饭。

듣고 쓰는 연습문제

1. 녹음원문
   女：别看了，快吃饭吧，都凉了。
   男：等一会，进一个球我就吃。
   女：结束了，这回该吃饭了吧？
   男：不吃了。
   女：为什么？
   男：一个球都没进。
   ① 在看球赛   ② 他在等进球
   ③ 没进   ④ 不好

2. 녹음원문
   女：别看了，快吃饭吧，都凉了。
   男：等一会儿，进一个球我就吃。
   女：结束了，这回该吃饭了吧？
   男：不吃了。
   女：为什么？
   男：一个球都没进。
   等一会，回

▶ **第七课**

문형연습

1. ① 在学校门口。
   ② 在咖啡店打工。
   ③ 他想买保暖内衣。

2. ① 打过工。
   ② 家教。/ 在咖啡厅打工。
   ③ 衬衣。

3. ① 还是   ② 或者，或者
   ③ 反正   ④ 或

듣고 쓰는 연습문제

1. 녹음원문

    娜英：宝宝，在中国有没有这样的习惯，用第一个月薪水给父母买礼物？

    宝宝：有啊。

    娜英：那在中国那天送父母什么礼物呢？

    宝宝：这个嘛，不一定，礼物不在贵，在于心意。韩国呢？一般送什么呢？

    娜英：韩国一般送衬衣。

    宝宝：不中国也差不多，或者送衬衣，或者送丝巾，T恤什么的。

    娜英：我觉得这样表现孝心的做法非常好。

    宝宝：我也这样想，你在韩国打过工吗？

    娜英：打过，我在便利店里打过工，第一次收到薪水时给父母买了衬衣。

    宝宝：是吗？我也最近在打工，等发薪水的时候，你陪我一起去选礼物好吗？

    娜英：好啊。没问题。

    📖 ① 他们在谈给父母买礼物的话题。
    　　② 差不多。
    　　③ 在便利店里打过工。
    　　④ 最近在打工。
    　　⑤ 选礼物。

2. 녹음원문

    娜英：宝宝，在中国有没有这样的习惯，用第一个月薪水给父母买礼物？

    宝宝：有啊。

    娜英：那在中国那天送父母什么礼物呢？

    宝宝：这个嘛，不一定，礼物不在贵，在于心意。韩国呢？一般送什么呢？

    娜英：韩国一般送衬衣。

    宝宝：中国也差不多，或者送衬衣，或者送丝巾，T恤什么的。

    娜英：我觉得这样表现孝心的做法非常好。

    宝宝：我也这样想，你在韩国打过工吗？

    娜英：打过，我在便利店里打过工，第一次收到薪水时给父母买了衬衣。

    宝宝：是吗？我也最近在打工，等发薪水的时候，你陪我一起去选礼物好吗？

    娜英：好啊。没问题。

    📖 嘛，一般，衬衣，打工

▶ **第八课**

문형연습

1. ① 宝宝和娜英在商店。
   ② 保暖内衣
   ③ 贵100元。

2. ① 不一定。
   ② 很热情。
   ③ 不，有时睡觉。

3. ① 只要，就　　② 宁可，也不
   ③ 不管，都　　④ 光，就

듣고 쓰는 연습문제

1. 녹음원문

    女：你怎么现在才回来啊？都快7点半了。

    男：雨下得太大，等公共汽车等了很长时间。

    女：你的雨伞呢？早上你不是拿走了吗？

    男：忘在公司了，刚从公司出来时还没下雨呢，谁知都到了公车站了，雨就下大了。我宁可被雨淋着，也不想回去取了。

    女：哎，快洗个澡吃饭吧。今天光是你爱吃的菜，就做了三个。

    男：是吗？那我马上洗完就来。

    📖 ① 七点半。
    　　② 雨下得太大，等公共汽车又等了很长时间。
    　　③ 带了，不过忘在公司了。
    　　④ 三个。

2. 녹음원문

    A：你好，我昨天在这买的衣服有点儿大，能换个小号的吗？

    B：当然，只要没损坏，都是可以换的。

    A：谢谢您。

    B：可以把收据给我吗？

    A：在这，给您。

    📖 有点儿，只要，都，可以

▶ **第九课**

문형연습

1. ① 不管送什么反正心意最重要。
   ② 只要她喜欢我就高兴。

③ 下课后, 他或者去图书馆或者回家。
④ 丽丽宁可学习汉语也不学习英语。

2. ① 我宁可回家也不去朋友家。
② 你或者唱歌, 或者跳舞, 什么都行。
③ 光给你的书就有十本。
④ 只要你说一句话, 都我们照你说的做。

3. ① 只要, 都　　② 宁可, 也不
③ 光, 就　　　　④ 或者, 或者

4. ① 무엇을 선물하냐에 관계없이 마음이 제일 중요하다.
② 그녀가 기쁘면 돈을 얼마 쓰건 괜찮다.
③ 보온내의 혹은 목도리를 살까 한다.

듣고 쓰는 연습문제

1. 녹음원문
A: 我可以看看这件毛衣吗?
B: 可以, 你穿多大号的?
A: 我穿中号的。
B: 你看看这件吧, 这件是中号。
A: 这件颜色太深了, 有没有浅一点儿的?
B: 有, 那你再看看这件, 号儿是一样的, 这件比较浅。
A: 两件的牌子一样吗?
B: 不一样, 但是质量一样。
A: 哪件贵?
B: 价钱都一样, 都是一百八。
① 他想买毛衣。
② 他穿多大号的? 他穿100中好的。
③ 不一样, 但是质量一样。
④ 价钱都一样, 都是一百八。

2. 녹음원문
A: 娜英, 再过几天就是中秋节了, 你打算回国吗?
B: 不一定, 我或者回国, 或者去南方朋友家。
A: 你不想家吗?
B: 当然想, 不过因为过节, 机票涨价了, 光单程的就要几千块呢!
中秋节, 打算, 或者, 或者, 光, 就

본문 번역

▶ 1과

상황별 회화

보보: 미스송 이번주 일요일에 시간있어요?
칭칭: 아직 확실하지 않은데, 무슨 일 있으세요?
링링: 같이 자전거 타고 하이킹가는거 어때요?
칭칭: 하이킹이요? 저는 자전거가 없는데요, 어쩌죠?
링링: 걱정마세요, 제가 자전거가 두 대 있으니까 빌려드릴 수 있어요.
칭칭: 자전거 타고 어디 가는데요?
링링: 춘천까지 가요. 서울에서 북쪽으로 두 시간 정도 걸려요.
칭칭: 아 참, 그날 오후에 제가 일이 있었네요. 정말 미안해요.

보충 회화

A: 여보세요. 김명국씨 계세요?
B: 전데요, 누구십니까?
A: 저 소평이예요.
B: 소평씨, 안녕하세요? 어떻게 지내세요?
A: 네 그럭저럭요, 당신은요?
B: 저 역시 잘 지내요.
A: 왕봉의 전화번호 아세요?
B: 알아요, 전화번호는 023688492 입니다
A: 감사합니다, 우리 내일 만나기로 약속해서요. 시간 되시면 같이 만나면 어떨까요?
B: 저 내일 일이 있어요. 정말 미안합니다.

▶ 2과

상황별 회화

보보: 칭칭, 수영 좋아하세요?
칭칭: 좋아하긴 하는데 잘은 못해요, 배운지 얼마 안됐어요.
보보: 몇 미터나 수영할 수 있어요?
칭칭: 지금은 약 30미터 정도 할 수 있어요. 당신은 수영할 줄 아세요?
보보: 아, 사실 전 맥주병이에요. 그렇지만 수영이 체력 단련에 좋다고 생각해요.
칭칭: 그럼 우리 같이 배우는 거 어때요?
보보: 좋죠, 그런데 누구한테 배우죠?
칭칭: 듣자 하니 우리 회사의 박 대리가 수영을 잘 한대요. 그 사람한테 부탁하고 싶은데, 말하기가 좀 쑥쓰럽네요. 당신이 나 대신 그에게 부탁 좀 해 줄래요?
보보: 문제 없어요. 그런데, 제가 그 분을 어떻게 찾지요?
칭칭: 그 사람 집이 여기서 그리 멀지 않아요. 까르푸 뒤쪽으로 가면 큰 정원이 있는데, 그 옆이 바로 그의 아파트에요.
보보: 그럼 우리 지금 가 봐요.

보충 회화

여: 정리 다되었습니다.
남: 정말 수고 많았어요.
여: 그럼 저 먼저 갈께요.
남: 오늘 저녁에 뭐 하세요?
여: 별 일 없어요, 무슨 일 있으세요?
남: 시간 있으시면 저와 극장에 가서 영화보는거 어때요?
여: 좋아요. 몇 시 영화죠?
남: 아직 모르겠어요. 전화해 볼께요. 잠시만 기다리 세요.
여: 좋아요.

▶ 3과

칭칭의 일기

지난 주에 바오바오가 나와 함께 하이킹을 가자고 했다. 그는 이화원에 간다고 말했는데, 난 차를 타고 가보기만 했지, 한번도 자전거를 타고 가 본적이 없었다. 그는 시내에서 북쪽으로 한 시간 정도 가면 된다고 했고, 게다가 내게 자전거를 빌려줄 수도 있다고 말했다. 난 정말 가고 싶었는데 그 날 이미 약속이 있어서 정말 아쉬웠다!
며칠 전, 나와 바오바오는 수영장에서 만났다. 보아하니 그는 정말 운동을 좋아하는 것 같았다. 하지만 그녀는 자기가 맥주병이라고 말했다. 사실 난 수영을 좋아하긴 하지만, 배운지 얼마 안 되어서

본문 번역

별로 잘 하지는 못한다. 그래서 우리는 박 대리를 찾아서 우리에게 가르쳐 달라고 하기로 결정했다. 박대리 집은 수영장을 나와서 까르푸 뒤쪽으로 가면 된다. 그 날 저녁, 우리 둘이 같이 갔는데, 내가 말하기 쑥쓰러워 해서 박대리가 나 대신 말해 주었다. 박 대리는 흔쾌히 우리의 청을 받아주었다.

▶ 4과

상황별 회화
나영: 아이고, 어떻게 하지! 화분을 깨뜨렸어.
칭칭: 우리 선생님에게 알려야 되지?
나영: 우리가 말하지 않고 내일 시 화분을 다시 사다 놓으면 어떨까?
칭칭: 반드시 이렇게 해야지. 그래도 먼저 선생님에게 말하자
나영: 그렇지만 선생님께서는 이미 퇴근하셨어. 어떻게 선생님을 찾지?
칭칭: 조금 후에 같이 선생님 집으로 가보자. 내가 선생님 집을 아는데 학교에서 멀지 않아.
나영: 좋아. 우리는 용감하게 잘못을 인정해야 해
칭칭: 맞아, 우리 반을 위해서 사소한 일이라도 잘 해야 돼.

보충 회화
칭칭: 여보세요.
보보: 칭칭이니?
칭칭: 그런데.
보보: 난 보보야. 너 어째서 아직 안 오니? 모두들 이미 도착했어. 너만 안 왔어.
칭칭: 오, 오늘이 몇 일인데?
보보: 오늘 9일 이야.
칭칭: 아이고, 오늘 회식이 있는 거 잊었어. 정말 미안해. 지금 바로 갈게, 내대신 모두에게 미안하다고 말해줘.
보보: 알았어, 빨리 와, 우리 기다리고 있을게.

▶ 5과

상황별 회화
소왕: 미스터 리 아니세요! 이렇게 일찍 나와 조깅하는군요?
소이: 일찍이요, 미스터왕 듣기에는 조깅이 다이어트에 아주 효과가 있다던데요. 그래서 매일 조깅하려구요.
소왕: 다이어트 하시게요?
소이: 그래요. 매일 사무실에 앉아 운동도 안하니 배가 갈수록 나오네요, 반드시 다이어트해야 되요.
소왕: 저도 동감이예요. 저의 15살된 외조카도 저를 뚱보삼촌이라고 불러요, 그러나 다이어트는 쉽지 않거든요, 반드시 계속해야만 해요.
소이: 맞아요, 건강을 위해서 적당한 운동이 필요하구요.
소왕: 한사람만 운동하면 심심하니까 우리 앞으로 같이 조깅하면 어떨까요?
소이: 좋은 생각이예요, 그럼 우리 내일 이시간에 만납시다.

보충 회화
(대학교 캠퍼스 안에서 일본 유학생과 중국 학생간의 대화)
A: 산본, 중국어 어쩌면 이렇게 잘하세요?
B: 천만에요, 중국어는 아주 어려워서 아직 많이 공부를 해야 해요.
A: 듣기에는 중국어 공부를 위해서 매일 일찍 일어나 녹음 테이프를 듣는다던데.
B: 음.. 우리 선생님께서 말씀하시길 중국어를 잘 공부하려면 많이 들어야 한다고 하셔서요.
A: 맞아요. 그리고 많이 말을 해야죠.
B: 대화는요, 당신께서 저를 도와주시는게 어때요?
A: 저요? 어떻게 도와요?
B: 지금처럼 이렇게 많이 만나서 많이 이야기하면 되죠.
A: 어렵지 않군요. 도와 드릴께요.

▶ 6과

소왕의 일기
저 병에 걸렸어요
저 병에 걸려서 어제 병원에 갔었습니다.
의사 선생님께서는 기에 걸렸으니 휴식을 취해야 한다고 하고 나의 몸이 허약하니 항상 신체 단련을

해야 한다고 말하십시오.
저와 같은 샐러리맨으로 말하자면 휴식을 취할 시간조차 없는데 신체를 단련할 시간은 더 할 나위도 없습니다. 보아하니 건강을 위해서 저의 일하는 시간을 줄여야 하며 그렇지 못할 경우 좀더 가벼운 일로 바꾸어야 합니다
아직 휴가는 일주일 남아 있으니 나는 매일 헬스클럽에 갈 작정입니다. 혼자서만 운동하면 심심하니 나는 사무실의 보보와 같이 갈 작정입니다. 보보도 매일 사무실에 앉아 있으니 배가 갈수록 나와서 다이어트를 할 작정이라고 합니다. 우리둘이서 함께 간다면 계속 할수 있을 것 같습니다.

쉬어가기

银和很(笑话)
제가 가르치는 중국어반의 한 미국유학생 '아이더화'는 아주 한자에 관심이 있습니다.
어느날 그가 거리에서 돌아와 나의 사무실을 찾아와서 "선생님, 제생각엔 중국사람은 겸손하지 않은 것 같아요." "왜 그러는데요?" '길에 많은 간판들을 보았는데 모두 자기 자신을 자랑하는 것에요. 예를 들면 '中国很行, 中国人民很行, 中国农业很行……'
그가 "银"을 "很"으로 생각했던 것이지요.

▶ 7과

상황별 회화

(나영과 칭칭이 같이 사진을 보고 있고 손 안에는 고궁 사진이 있다)
칭칭: 오늘 무슨 바람이 불어서 이렇게 멀리까지 왔니? 정말 보기 드문 일이네?
나영: 설마 내가 와서 안 좋은 건 아니지?
칭칭: 어떻게 그럴 수가 있겠어? 빨리 들어와서 앉아.
나영: 이거 어디서 찍은 사진 이야? 좀 봐도 돼?
칭칭: 당연하지, 지난주에 가족과 같이 고궁 가서 찍은 거야.
나영: 와! 여기가 바로 고궁이구나, 정말 굉장하네, 정말 크다!
칭칭: 아직 안 가 봤어? 다음주에 같이 가는 거 어때?
나영: 너무 좋지! 고마워. 중국에 온 이후에 줄곧 여러 곳을 가보고 싶었지만, 중국어가 서툴러서 혼자 가면 길을 잃을까 걱정되어서.
칭칭: 음, 북경은 아주 복잡하고 넌 온 지 얼마 되지 않으니 혼자 나가지 마.
나영: 그런데 네가 나에게 가이드가 되어 준다면 안심이야.
칭칭: 나도 기꺼이 가이드가 되어 줄게.

보충 회화

1. 길을 묻다
A: 말씀 좀 묻겠습니다, 고궁에 어떻게 가지요?
B: 여기에서 곧장 가서 첫번째 교차로에서 왼쪽으로 도세요. 그리고 20미터 정도 가면 바로 도착합니다.
A: 감사합니다.

2. 휴가를 신청하다
직원: 이사님, 내일 하루 휴가를 신청하려 합니다.
이사: 무슨 일 있습니까?
직원: 어머니께서 요즘 몸이 불편하셔서요. 내일 하루 돌봐 드리려 구요.
이사: 좋습니다.

▶ 8과

상황별 회화

[선생님: 오늘 수업은 여기까지. 내일은 일요일 이니까 여러분 모두 즐거운 주말 보내세요.
모두: 와, 수업 끝났다]
산본: 주말에 어디 가야 좋을까. 어디 가서 놀아야 좋을지 모르겠네, 네가 추천 좀 해 줘.
링링: 북경에 처음 왔니?
산본: 아니, 이미 3번이나 왔는걸.
링링: 그래? 그럼 천진에 가봤어?
산본: 아직 못 가봤어. 중국에 3년간이나 있는 동안 줄곧 북경에만 있어서 천진조차 가보지 못했어. 이전에 두 차례 왔을 때는 업무 때문에 며칠만 머물렀고, 이번에는 회사에서 나에게 일년간 중국어를 배우도록 해주었는데, 쉴 때를 이용해 가보고 싶다.
링링: 내일은 주말이니 우리 같이 가면 어떨까?
산본: 너무 좋지! 무엇을 준비해야 할까?
링링: 많이 걸어야 하니 운동화를 반드시 신어야 하고,

본문 번역

사진기를 가져오는 걸 잊지 마.
산본: 좋아, 고마워.
링링: 뭘.

보충 회화

1. 거리를 물을 때
A: 이곳에서 저쪽까지 대략 몇미터인가요?
B: 대략 100입니다.
A: 북경에서 상해까지 얼마나 먼가요?
B: 대략 1400키로 입니다.

2. 추측
A: 아주 여러 번 북경에 오셨지요?
B: 그래요. 자주 북경에 옵니다.
A: 농구 좋아하세요?
B: 저는 농구 경기를 보는걸 좋아하지만, 하지는 못합니다.
A: 도서관 자주 가세요?
B: 네, 수업이 끝나면 바로 가서 공부해요.

▶ 9과

산본의 일기

저는 산본이라고 하며 일본인입니다. 북경은 이미 세 번 왔지만, 만리 장성은 아직 가보지 못하였습니다. 이전 두 번은 출장 때문에 단 며칠 간만 머물렀는데 이번에는 중국어를 1년간 배우러 왔습니다.
쉬는 기간에 여기저기 가보고 싶은데, 나의 친구인 나영도 역시 이런 생각입니다.
그녀는 말하길 그녀의 친구 칭칭은 그녀에게 가이드가 되어 고궁에 데리고 갈수 있다고 하고, 내 친구 링링은 역시 나에게 가이드가 되어서 만리장성에 데리고 가겠다고 합니다. 우리 두 외국인이 중국 친구가 안내인이 되니 마음을 놓고 즐겁게 놀게 되었습니다.
나는 사진기를 가지고 가서 사진을 많이 찍어 일본의 가족에게 보내어 가족이 중국의 아름다운 경치를 감상하도록 하겠습니다.

쉬어가기 해석

거북이와 토끼

거북이와 토끼는 누가 더 빨리 달리느냐에 대해 끊임없이 논쟁을 하였다.
그래서 그들은 경기를 할 시간과 장소를 정하였다.
시합이 시작되자 토끼는 자기는 타고난 준족이라 아주 빨리 달린다고 생각하여 시합을 대수롭지 않게 생각하고 길가에 누워서 잠을 잤다.
거북이는 자기가 천천히 걷는 것을 알기 때문에 기죽지 않고 쉬지 않고 앞으로 분주하게 나아갔다.
결과 거북이는 자고 있는 토끼를 추월하여 승리 라는 상을 받았다.
이 이야기는 강해지려고 분발하는 약자가 자만하여 교만한 강자를 이길 수 있다는 사실을 말해주고 있는 것이다.

▶ 1과

상황별 회화

보보: 어제 어째서 출근하지 않았나요?
칭칭: 말도 마세요, 어제 감기가 걸려서 아주 힘들었어요, 밥조차 먹지도 못했는걸요
보보: 그래요, 그렇게 심했어요? 병원은 갔었나요?
칭칭: 가긴 갔는데요 , 마음이 좋지 않았어요.
보보: 왜요? 무슨 일이 있었어요?
칭칭: 왜냐면 병원은 가느냐 하는 문제로 부모님이 말다툼을 하셨거든요.
보보: 그래요? 심하게 하셨나요?
칭칭: 별일은 아니구요. 어머니는 저에게 병원을 가라고 하시고 아버지는 감기는 병이 아니니 집에서 충분히 쉬면 된다고 하셔서 이 작은 일로 두 분께서 말다툼을 시작하셨어요.
보보: 결과는요?
칭칭: 결과는 한참을 다투신 후에도 누가 옳고 그른지 결론이 나지 않았죠.
보보: 우리 엄마아빠 역시 그래요, 작은 일에도 다투시고 그런데 잠시 후면 화해하세요.
칭칭: 마찬가지예요. 어제 우리 엄마 아빠도 그래요, 잠시 후에 같이TV를 보시던걸요, 마치 아무 일도 없었던 것처럼..

보충 회화

1. 명령

A: 집에 있을 때 엄마는 항상 당신에게 무엇을 하라고 하나요?
B: 엄마는 항상 나에게 청소를 시키세요.
A: 회사는 당신에게 중국에 와서 무엇을 하도록 하였나요?
B: 회사는 나에게 중국에서의 사업을 관리하도록 하였지요.
A: 보보는 당신에게 무엇을 하라고 했나요?
B: 그녀는 나에게 같이 저녁 먹자고 하였어요.

2. 원인을 물어봄

A: 어제 당신 어째서 수업에 오지 않았어요?
B: 감기에 걸렸어요.
A: 당신 어째서 이렇게 늦게 왔나요?
B: 미안합니다 줄곧 차가 막혀서요.

▶ 2과

상황별 회화

스승: 산본, 숙제 다했어요?
산본: 아직 다하지 못했어요. 어떻게 "使"를 사용해서 문장을 만드는지 모르겠어요. 예를 좀 들어주시겠어요?
스승: 좋아요, 예를 들자면 '그는 나를 아주 곤란하게 한다'는 말은 그 사람 때문에 내가 어떻게 해야 할지를 모르겠다는 뜻이에요.
산본: 조금은 이해가 되네요, 使와 让의 의미가 비슷하지요?
스승: 맞아요, 하지만, 使는 보통 감정과 관련해서 많이 쓰고, 让은 어떤 사람에게 무엇을 시킬 때 쓸 수 있어요.
산본: 아, 그런 거군요, 이번엔 확실히 이해가 되었어요.
스승: 당신 중국어가 그렇게 빨리 느는 것도 이상한 일이 아니네요, 정말 열심이에요.
산본: 칭찬 감사합니다. 중국어는 매우 어려워서 배워야 할 것이 아직 많아요.
스승: 서두르지 마세요, 그러면 숙제는 내일까지 제출하도록 해요. 오늘은 이 단어를 사용해서 문장 세 개를 만들어 봅시다.

산본: 좋아요. 만약 모르는 문제가 있으면 다시 물어봐도 되죠?
스승: 당연하죠, 제 사무실로 오면 돼요.
산본: 감사합니다.

보충 회화

1. 물어볼때

A: 올해 나이가 어떻게 되세요?
B: 올해 20살입니다.
A: 무슨 띠인데요?
B: 개띠예요.
A: 영화 좋아하세요?
B: 좋아해요, 연속극 보는 것도 좋아 하구요, 당신은요?
A: 저도 역시 그래요.

2. 거절할 때

A: 나랑 같이 도서관 가는 거 어때?
B: 미안해, 아직 숙제가 덜 끝나서.
A: 내일 회식이 있는데 모두들 당신을 초대했어요, 같이 가시죠, 어떠세요?
B: 정말 미안해요, 내일 저 이미 약속이 있어요.

▶ 3과

감기

감기는 크다면 크고 작다면 작은 질병입니다. 중하면 열이 나고, 목에 염증이 생기고, 폐렴으로 번지죠. 어떨 때는 먹지도 못할 정도로 힘듭니다. 감기를 예방하는 가장 좋은 방법은 약을 먹는 것이 아니라 단련을 많이 해서 신체를 건강하게 유지하는 것입니다.
감기에 걸렸을 때 감기가 더 심하게 발전하지 않게 하기 위해서는 물을 많이 먹고 많이 쉬고 공공장소에 갈 때는 마스크를 쓰고 보온이 되게 옷을 입어야 합니다.
감기는 동절기나 환절기에 자주 발생합니다. 환절기에 옷차림에 주의하는 것 역시 감기를 예방하는 좋은 방법입니다.

산본의 일기
중국어 배우기

본문 번역

저는 산본이구요. 지금 북경에서 중국어를 공부하고 있어요. 내가 중국어를 좋아하는 이유는 영화 한편 때문입니다. 한번은 나와 친구가 함께 중국 대사관에 갔을 때 영화 한편을 보았어요. 그 영화는 중국 문화를 소개 했는데, 중국문화가 아주 재미있어서 저는 중국에 와서 중국을 보고 이해하고 싶었습니다.

후에 중국어를 배우기 시작했는데, 병음도 있고 한자가 있는 이 언어가 아주 신비로웠습니다. 비록 시작할 때는 매우 어렵지만 공부를 할수록 더욱 재미를 발견합니다. 저는 계속 열심히 중국어를 공부할 생각이고 중국을 더욱더 이해하고 싶습니다.

쉬어가기

첨밀밀

당신의 웃음이 얼마나 달콤한지
마치 봄바람에 피어난 꽃처럼
봄바람 속에 피어 있어요
어디에서 어디에서 당신을 보았지요?
당신의 웃는 얼굴이 이렇게 낯익은데
나 잠시 생각이 나지 않았지만
아! 꿈에서 였어요
꿈에서 꿈에서 당신을 보았어요
달콤한, 너무도 달콤한 그 미소.
당신이였군요. 당신이네요.
꿈에서 본 것은 바로 당신이예요.
어디에서 어디에서 당신을 보았지요?
당신의 웃는 얼굴이 이렇게 낯익은데
나 잠시 생각이 나지 않았지만
아! 꿈에서 였어요

▶ 4과

상황별 회화

보보: 정말 어처구니 없네, 돈지갑을 도둑 맞았어요.
칭칭: 어디서 도둑 맞았는데요?
보보: 아마도 방금 버스 안에서 인 것 같아요, 신분증이란 은행카드도 모두 안에 있는데요.
칭칭: 조급해 하지 마세요. 먼저 긴급 신고부터 합시다. 신분증은 다시 재발급하면 돼요. 그렇지만 은행카드는 즉시 분실신고를 해야 해요. 안에 돈이 많나요?
보보: 오늘은 평소보다 조금 가지고 왔어요. 몇 십원뿐인걸요.
칭칭: 다행이네요. 저의 언니도 지난달에 도둑맞았는데 아마도 버스 안에서 였을거예요. 지갑에 아주 현금이 많았어요.
보보: 요즘 좀도둑이 왜 이렇게 많은가요, 정말 나빠요.
칭칭: 그래요, 사회가 아주 혼란해요. 어디 가든지 조심해야 돼요.
보보: 정말 화나네. 점심먹을 돈조차 없으니.
칭칭: 화내지 마세요, 점심은 제가 살게요. 지금 떠오르는 건 빨리 은행에 가서 분실신고를 하는 거예요.
보보: 좋아요, 고마워요 칭칭.
칭칭: 고맙기는요.

보충 회화

1. 음식 고르기

A: 무엇을 드시겠습니까?
B: 소고기 볶음하고, 계란탕, 밥 한 공기요.
A: 네, 음료는 무엇으로 할까요?
B: 맥주 한 병이요.
A: 다른 것도 주문하시겠습니까?
B: 괜찮습니다, 이것만 주세요.
A: 네, 조금만 기다리세요.

2. 우체국

A: 아가씨, 소포 부치려 하는데요.
B: 어디로 보내시게요?
A: 한국으로요.
B: 속달로요, 아니면 보통으로요? 속달은 이틀 안에 도착하고 보통은 일주일 걸립니다.
A: 그럼 속달로 해주세요.
B: 그럼 먼저 무게를 재보죠.

▶ 5과

상황별 회화

나영: 칭칭 듣자니 새 자전거 샀다면서?
칭칭: 그래, 소식이 아주 빠르네!
나영: 내가 비록 외국인이긴 하지만 친구가 아주

많아서 무슨 일이든 아주 빨리 안다구.
칭칭: 정말 대단하네. 봐. 저기 붉은색 자전거가 바로 그거야.
나영: 와, 정말 예쁘다. 매일 저걸 타고 등교하는 거야?
칭칭: 응, 매일 음악을 들으며 자전거를 타고 아주 즐겁게 학교까지 와, 신체단련도 되구.
나영: 정말 좋겠다. 나도 타고 싶은데 탈 줄을 몰라.
칭칭: 그래? 한국인은 자전거를 못 타는 사람이 많니?
나영: 많지는 않아. 거의 모두 탈 줄 알아. 난 항상 넘어질까 봐 무서워서 탈 엄두를 못 냈어.
칭칭: 걱정하지 마. 내가 가르쳐 줄게. 아주 쉬워.
나영: 정말? 너무 잘 됐다. 그런데 북경은 차가 너무 많아서 아주 조심해서 타야지?
칭칭: 당연히 조심해야지. 하지만 천천히 타면 문제 없어.
나영: 그럼 좋아. 이 참에 네가 나의 중국어 선생님이자 자전거 선생님이 되는 거네.

보충 회화

1. 흥미, 취미

A: 무슨 취미가 있으세요?
B: 소설 보는걸 좋아해요, 당신은요? 취미가 뭐에요?
A: 저는 피아노에 관심이 있어서 요즘 배우고 있어요.
B: 그래요? 저도 피아노 치는 걸 아주 좋아해요.

2. 약속

A: 오늘 저녁에 시간 있으세요?
B: 무슨 일이 있으세요?
A: 당신께 영화 보여 드리고 싶어서요.
B: 몇 시 영화인데요?
A: 저녁 8시요.
B: 좋아요, 언제 갈까요?
A: 한 시간 후에 가면 됩니다.
B: 좋아요, 그럼 우리 먼저 밥을 먹읍시다.

▶ 6과

칭칭의 일기

1. 현재의 북경

저는 칭칭이고 북경에서 20년간 생활하였습니다. 현대의 북경은 이전보다 많이 발전하였습니다. 북경의 변화를 보면 아주 기쁩니다. 저는 자주 자전거를 타고 북경의 변화한 대도시를 감상합니다. 최근에 좋지 않은 현상들이 갈수록 많아집니다. 그것은 좀도둑입니다.
며칠전 저의 친구인 보보가 지갑을 도둑맞았습니다. 저도 이전에 이러한 일이 발생하였는데 비록 잃어버린 돈은 많지 않았지만 기분은 좋지 않았습니다. 이렇게 아름다운 대도시에 이러한 일이 없으면 얼마나 좋을까요!
저는 지금의 발전한 북경이 좋습니다. 더욱 안전하게 변화하고 더욱 문화적이 되었으면 좋겠습니다.

2. 나의 취미

저는 칭칭이구요, 취미는 자전거타기입니다. 저는 등교시에만 자전거를 타는 것이 아니라 주말에는 친구들과 하이킹을 하는 걸 좋아합니다.
저의 친구들은 모두 자전거 애호가들이라 매번 같이 자전거를 타고 나가며 마치 바쁜생활을 탈피하는 것처럼 대자연에서 신선한 공기를 마시고 경관을 감상하기 때문에 아주 즐겁습니다.
제가 자전거타기를 좋아하는 이유는 신체를 단련하는 것 뿐만아니라 상쾌한 느낌을 주기 때문입니다.

쉬어가기

우화

한마리의 수탉이 밭에서 자기와 암탉들을 위해 먹이를 찾고 있었다. 그는 한 개의 보석을 발견하였는데, 보석에게 말하기를, '만약 내가 아니고 너의 주인이 너를 발견하였더라면 그는 아주 너를 귀중하게 주웠을 텐데, 그런데 내가 너를 발견하였으니 아무 짝에도 쓸모가 없구나. 나에게는 세계의 모든 보석을 얻는 것이 한 알갱이의 보리를 얻는 것만 못하구나'
이것은 자기자신이 필요한 것이 진정으로 소중한 것이라는 말이다.

▶ 7과

상황별 회화

보보: 첫 번째 달의 월급인데, 나는 엄마아빠에게

본문 번역

선물을 사드리고 싶어요.
나영: 한국에서도 역시 같은 습관이 있어요. 일반적으로 내의를 선물하죠, 중국은요?
보보: 중국은 특별히 중시하는 건 없어요. 어떤 선물이건 마음을 표현하면 되지요.
나영: 그럼 당신은 무엇을 사고 싶나요?
보보: 북경의 겨울은 약간 추워서, 보온내의를 사거나 양털목도리를 사거나 할 건데요.
나영: 그럼 보온내의를 사세요. 내 생각엔 보온 내의는 친밀함을 나타내기에 아빠엄마는 더욱 좋아하실 거예요.
보보: 음. 당신 말이 맞아요. 정말 부모님의 마음을 잘 이해하시는군요.
나영: 제가 한국에 있을 때 처음 아르바이트를 해서 번 돈으로 부모님에게 내의를 사드렸는데 참 좋아하셨어요.
보보: 그래요? 그리고 듣기에는 요즘 보온내의의 디자인이 아주 많다더군요, 좋아요, 당신 말을 들을게요. 보온내의를 삽시다.
나영: 그럼 우리 상점에 가서 봅시다.
보보: 언제 시간이 있어요?
나영: 오늘 저녁엔 아무 일도 없어요. 겨울철 옷을 몇 벌 살까 했는데 잘됐네요, 우리 지금 가죠.

보충 회화

1. 나무랄 때

① A: 어째서 지금 왔니?
   B: 미안해요, 시간을 잘못 봐서요.
② A: 몇 신데 아직 일어나지 않았어?
   B: 정말 일어나고 싶지 않아, 너무 졸리거든.

2. 진료할 때

① 환자: 접수해주세요.
   간호사: 무슨 과로 접수하시게요?
   환자: 감기면 내과로 접수해야죠?
   간호사: 맞아요. 이거 드릴께요. 내과는 2층입니다.
② 의사: 어디가 편찮으세요?
   환자: 머리가 아파서요. 약간의 열도 있는 것 같구요.
   의사: 언제부터 시작되었는데요?
   환자: 어제 저녁부터요.
   의사: 기침은 합니까?
   환자: 어제 저녁에 기침을 심하게 했어요.

의사: 목구멍을 봅시다. 입을 벌려봐요. 아~
환자: 아~
의사: 감기예요. 목구멍에 염증이 생겼구요. 오늘 주사를 한대 맞고 약을 처방해 줄 테니 하루에 세번, 한번에 두알씩 식사후에 드세요.
환자: 감사합니다.
의사: 뭘요. 물을 많이 드시고 푹 쉬세요.

▶ 8과

상황별 회화

보보: 안녕하세요. 이 보온내의 좀 봐도 되나요?
점원: 당연하죠. 이건 올해 최신 디자인인데, 사가시는 분이 특히 많아요, 오늘만도 붉은색만 10벌이나 팔렸는걸요.
나영: 그래요? 디자인이 아주 예쁘네요. 한 벌에 얼마지요?
점원: 280원입니다.
보보: 너무 비싸요, 더 싼 것은 없나요?
점원: 있어요, 이건 180원인데요. 그런데 아주 두꺼워요. 요즘에는 모두들 차라리 비싼걸 살지언정 이렇게 두꺼운 것은 사지 않아요, 불편하니까요.
나영: 약간 두껍긴 하군요. 그럼 방금의 그 옷은 싸게 해줄 수 있나요?
점원: 보아하니 학생인 것 같은데 80%에 해드릴께요.
보보: 그럼 두벌 주세요.
점원: 좋아요, 무슨 색으로 드릴까요?
보보: 엄마는 붉은색이면 모두 좋아 하시니까 붉은색으로 주세요. 아빠는 회색으로 주시구요.
점원: 사이즈가 어떻게 되죠?
보보: 하나는 165이고 하나는 180이요.

보충 회화

1. 흥정하다

A: 이 옷 얼마인가요?
B: 붉은 색 말인가요? 320원입니다.
A: 왜 이렇게 비싸! 싸게 해주세요.
B: 얼마 내시려구요?
A: 280원이요.

B: 280원 안돼요. 300원이요.
A: 280원에 해주세요, 안되면 안 사려구요.
B: 좋아요.

2. 상의/ 요청
A: 이 옷 좀 볼 수 있어요?
B: 당연하죠.
A: 입어볼 수 있나요?
B: 네.
A: 새 것으로 가져다 주실 수 있으세요?
B: 좋아요.

▶ 9과

보보의 일기

지난달에 나는 커피점에서 일을 해서 돈을 벌었습니다. 이것이 저의 첫 월급이었고 저는 이 돈으로 부모님에게 선물을 사 드리고 싶습니다. 나영이가 말하길 한국에서는 보통 내의를 선물한다고 하더군요. 저도 역시 보온 내의나 목도리를 선물하려고 했는데 나영이도 말하길 무엇을 드리건 마음이 중요하다고 하였습니다.
우리는 그날 오후에 같이 상점에 갔는데 보온 내의의 디자인이 특히 많았고 얇은 것만 대여섯 종이 되어서 보온 내의를 사려고 결정했습니다. 그런데, 얇은 것은 아주 비쌌습니다. 그렇지만 아빠 엄마께서 두꺼운 것을 입으시면 불편하실 것 같아서 돈이 많이 들지언정 두꺼운 것은 안 사기로 결정하였습니다. 부모님이 기쁘시다면 돈을 얼마나 쓰건 괜찮습니다. 그래서 빨간색 한 벌을 샀고, 회색 한 벌을 샀습니다.
어제 선물을 부모님께 드릴 때 부모님을 감동하셔서 우시며 제가 다 컸다고 말씀하셨습니다. 비록 벌은 돈을 거의 모두 써버렸지만 아주 기뻤습니다.

중국과 한국의 풍속 차이

어느날 저와 나영은 추석의 풍습에 관해 이야기를 하였는데 중국과 한국의 차이점을 발견하였습니다.
나영은 말하길 한국에서는 추석은 아주 큰 절기이고 보통 3일간 쉬고 외지에 있는 자녀들은 모두 부모 곁으로 돌아와서 작은 떡을 먹습니다.
중국에서는 추석에 오직 하루만 쉬거나 또는 반나절만 쉬며 먹는 음식 또한 다릅니다.
그날에는 월병, 배, 포도 등을 먹으며 약간 같은 점은 중국도 그날은 역시 가족이 모인다는 것입니다.

쉬어가기

塞翁이 말을 잃어 버리다

전국시대에 塞翁이라는 노인이 있었다. 그는 아주 많은 말을 기르고 있었는데 어느 날 한 마리를 잃어 버렸다.
이웃들이 이 사실을 듣고 그를 위로하기 위해 왔다. 塞翁은 사람들이 위로하는 것을 보자 웃으며 말하길 "한 마리의 말을 잃는 것은 손해가 그리 크지 않지요, 다른 복이 올지 모릅니다."
며칠이 지난 후에 잃어 버렸던 말이 제 발로 집으로 돌아왔을 뿐 아니라 한 마리의 준마도 데리고 돌아왔다.
이웃들이 말이 제 발로 돌아왔다는 말을 듣자 塞翁의 예견에 아주 탄복하며 塞翁을 축하했다.
塞翁이 이웃들의 축하를 듣자 반대로 우려하는 말로 "거저 좋은 말을 얻었으니 무슨 복이 있겠나, 아마 무슨 골치 아픈 일이 발생할지도 모르지." 라고 하였다.
塞翁은 외아들이 있는데 아주 말 타는 것을 좋아했다. 그는 돌아온 말이 아주 좋은 말임을 발견하고 매일 말을 타고 나갔으며 득의 양양해 하였다.
어느 날 그는 돌연 말 등에서 떨어져 다리가 부러졌다. 이웃들이 듣고 위로를 하였는데 塞翁은 말하기를 "괜찮네, 다리는 부러졌지만 생명은 보존했지 않은가, 혹시 복이 있을지 모르네"
이웃들은 아직 이해를 못하였다.
얼마 지나지 않아 전쟁이 일어났는데 동네의 청년들은 모두 징집이 되었으나 塞翁의 아들은 다리가 부러졌기 때문에 군대를 갈수 없었다. 군대를 간 사람들은 모두 죽었고 오직 塞翁의 아들만 살아남았다.